ぐんぐん 日本語
군군일본어

나가하라 나리카츠 · 오치 키미코 공저

머리말

올해로 일본어 교육에 종사한 지 25년째가 되었습니다. 그동안 학원, 기업, 평생교육원, 공무원연수원, 주민센터 그리고 대학교에 이르기까지 많은 일본어 학습 기관에서 강의를 하며 느낀 점은 각 기관마다 학습자의 유형이 모두 다르다는 사실입니다. 학원에 다니는 학습자들은 기업인이든 대학생이든 간에 목표가 뚜렷하고 열정적이었습니다. 반면 대학교 교양과목으로 일본어를 수강하는 대학생들 중에는 중 · 고등학교 때 일본어를 조금 배웠거나 또는 일본어를 접근하기 쉬운 언어라고 생각해서 수강을 신청하는 학생이 많아, 일본어 학습에 열의를 가진다기보다는 학점을 얻는 데만 매달리는 수동적인 모습을 더 많이 보였습니다. 이러한 여러 성향의 학생들을 가르치는 일본어 교사에게는 어떻게든 학습 기간이 끝날 때까지 일본어 학습자들이 일본어를 잘 습득할 수 있도록 주어진 교재를 가지고 잘 이끌어 나가야 하는 책임이 있습니다.

오랫동안 일본어 강의를 하다 보니 항상 느끼게 되는 것이 바로 수업하기 쉬운 교재, 공부하기 쉬운 교재가 절실하다는 것이었습니다. 어떤 교재는 전체적으로 잘 구성되어 있지만 본문이 너무 길어서 학습자가 본문을 읽는 데만 시간이 꽤 많이 걸렸고, 이에 해석하고 설명하는 데도 시간이 많이 걸려 교사에게도 학생에게도 부담이 되었습니다. 또 어떤 교재는 설명이 너무 잘되어 있어서 굳이 수업을 듣지 않아도 혼자서 공부할 수 있도록 구성되어 있는 까닭에 학생이 수업에 소극적으로 임하여 교사에게 어려움을 미치기도 하였으며 또 어떤 교재는 교재에 쓰인 일본어 글씨체가 실제 일본인들이 쓰는 글씨체와 너무 많이 달라 학습자들이 잘못 배울 소지가 다분했습니다.

물론 완벽한 교재는 없겠지만 초보 일본어 학습자에게 친절하면서도, 교사 역시 수업에 유용하게 활용할 수 있는 교재는 어떤 교재일까를 오랫동안 고민해 보았습니다. 그리고 그 끝에 본 교재를 집필하였습니다. 군군일본어 교재의 특징은 다음과 같습니다.

첫째, 본 교재에서 쓰이는 일본어 글씨체는 실제로 일본에서 사용하는 글씨체이므로 확실한 일본어를 배울 수 있습니다.

둘째, 별책부록으로 준비한 '히라가나 쓰기연습'에서, 지금까지 많은 학습자가 잘못 써 왔던 부분을 종합해 '주의하여 써야 할 부분'을 표시하였습니다. 이로써 잘못 쓰기 쉬운 부분을 바르게 익힐 수 있습니다.

셋째, 히라가나를 이제 막 뗀 학습자를 위해 1과에서 13과까지 나오는 모든 가타카나 위에 히라가나를 달았습니다. 가타카나를 몰라 수업을 못 따라가게 되는 문제를 해결한 것입니다.

넷째, 모든 한자 위에 히라가나를 달았습니다. 학원에서 일본어를 배운다면 한자도 같이 배우겠지만 대학교의 일본어 교양수업에서는 한자를 아예 배제시켜 수업하는 경우도 있습니다. 그럴 경우 한자의 발음이 적혀 있지 않으면 교사들이 한자가 나올 때마다 발음을 알려 주어야 하므로, 이와 같이 발생할 수 있는 번거로움을 사전에 해결하였습니다.

다섯째, 전 과마다 도입부에 실은 'Conversation'을 5~10줄 사이로 맞추었습니다. 본문이 너무 길면 학습자에게 부담이 되어 학습 의욕을 떨어뜨릴 수 있으므로 최대한 핵심 내용만을 담아 간결하게 구성하고자 하였습니다.

여섯째, 한자 학습이 필요한 학습자를 위하여 각 과 마지막에 '한자쓰기' 파트를 싣고 JLPT N4, N5에 나오는 한자를 수록하였습니다. 일본어 전공자나 일본어 학습을 계속해야 하는 학습자는 기초 한자부터 학습해 나가야 합니다. '한자쓰기' 파트는 강의 시 각 교사의 재량에 따릅니다.

일곱째, 기존 교재처럼 배운 회화 구문을 적용할 때 교재 내용에서 단어만 바꿔 문장을 읽는 방식으로 습득하는 일이 없도록, 매 과마다 주제에 맞는 간단한 질문을 제시하여 자기 나름대로 대답해 볼 수 있게 구성하였습니다.

이 교재로 일본어를 공부하는 모든 학습자 분들이 일본어를 재미있게 배우시기 바랍니다.

나가하라 나리카츠

오십음도(히라가나)

	あ행	か행	さ행	た행	な행
あ단	あ [a] あい 사랑	か [ka] かい 조개	さ [sa] さい 코뿔소	た [ta] たこ 문어	な [na] なす 가지
い단	い [i] いい 좋다	き [ki] うき 낚시찌	し [shi] しき 사계절	ち [chi] うち 집	に [ni] かに 게
う단	う [u] うえ 위	く [ku] くき 줄기	す [su] すし 초밥	つ [tsu] くつ 구두	ぬ [nu] いぬ 개
え단	え [e] えい 가오리	け [ke] おけ 나무통	せ [se] あせ 땀	て [te] て 손	ね [ne] あね 언니, 누나
お단	お [o] おい 남자 조카	こ [ko] こい 잉어	そ [so] そうこ 창고	と [to] いと 실	の [no] つの 뿔

は행	ま행	や행	ら행	わ행
は [ha] はは 어머니	ま [ma] くま 곰	や [ya] やさい 야채	ら [ra] きらきら 반짝반짝	わ [wa] わたし 저, 나
ひ [hi] ひと 사람	み [mi] みみ 귀		り [ri] くすり 약	
ふ [hu] ふな 붕어	む [mu] むすめ 딸	ゆ [yu] ゆめ 꿈	る [ru] くるま 자동차	
へ [he] へそ 배꼽	め [me] つめ 손(발)톱		れ [re] はれ 맑음	を [wo] たらいをかう 대야를 사다
ほ [ho] ほね 뼈	も [mo] もち 떡	よ [yo] よみち 밤길	ろ [ro] きいろ 노랑	ん [n] てん 점

오십음도(가타카나)

	ア행	カ행	サ행	タ행	ナ행
ア단	ア [a] アイス 아이스	カ [ka] カーテン 커튼	サ [sa] サーカス 서커스	タ [ta] タクシー 택시	ナ [na] ナイフ 나이프
イ단	イ [i] インク 잉크	キ [ki] キムチ 김치	シ [shi] シーソー 시소	チ [chi] チーズ 치즈	ニ [ni] ニス 니스
ウ단	ウ [u] ウイスキー 위스키	ク [ku] クーラー 쿨러(Cooler, 냉방장치)	ス [su] スリッパ 슬리퍼	ツ [tsu] ツナ 참치	ヌ [nu] カヌー 카누
エ단	エ [e] エスカレーター 에스컬레이터	ケ [ke] ケーキ 케이크	セ [se] セミナー 세미나	テ [te] テーブル 테이블	ネ [ne] ネクタイ 넥타이
オ단	オ [o] オイル 오일(Oil)	コ [ko] コーヒー 커피	ソ [so] ソーセージ 소시지	ト [to] トマト 토마토	ノ [no] ノート 노트

ハ행	マ행	ヤ행	ラ행	ワ행
ハ [ha] ハワイ 하와이	マ [ma] ママ 엄마	ヤ [ya] イヤホン 이어폰	ラ [ra] ラーメン 라면	ワ [wa] ワイシャツ 와이셔츠
ヒ [hi] ハイヒール 하이힐	ミ [mi] ミイラ 미라		リ [ri] リヤカー 리어카	
フ [hu] フルーツ 과일	ム [mu] ムース 무스	ユ [yu] ユーモア 유머	ル [ru] アール R	
ヘ [he] ヘリコプター 헬리콥터	メ [me] メール 메일		レ [re] カレー 카레	ヲ [wo]
ホ [ho] ホテル 호텔	モ [mo] モデル 모델	ヨ [yo] ヨガ 요가	ロ [ro] ローマ 로마	ン [n] チキン 치킨

1 청음(清音) せいおん

(1) あ(ア)행

일본어의 모음은 5개이며, '아/이/우/에/오'에 가까운 발음이다.

[a]	[i]	[u]	[e]	[o]
あ	い	う	え	お
ア	イ	ウ	エ	オ

あい(a i) 사랑 **いえ**(i e) 집 **うえ**(u e) 위 **えい**(e i) 가오리 **おい**(o i) 남자 조카

(2) か(カ)행

어두에 か행이 들어가면 '가'나 '카'에 가까운 발음을 하게 되며, 어말이나 어중에 들어가면 '카' 나 '까'가 된다(사람마다 다소 차이가 있음).

주의 か행을 무조건 '카/키/쿠/케/코'로만 발음하게 되면 매우 강한 느낌을 줄 수 있으므로 조심해야 한다.

[ka]	[ki]	[ku]	[ke]	[ko]
か	き	く	け	こ
カ	キ	ク	ケ	コ

かき(ka ki) 감/굴 **きかい**(ki ka i) 기계 **くい**(ku i) 말뚝 **けいき**(ke i ki) 경기 **こい**(ko i) 잉어

(3) さ(サ)행

さ,し,せ,そ는 '사/시/세/소'로 발음하면 되며, す는 '수'와 '스'의 중간 발음을 하면 된다.

[sa]	[shi]	[su]	[se]	[so]
さ	し	す	せ	そ
サ	シ	ス	セ	ソ

saka **さか** 비탈길 shiki **しき** 사계절 sushi **すし** 초밥 sekai **せかい** 세계 soko **そこ** 거기, 그곳

(4) た(タ)행

た,て,と는 어두에 오면 'ㄷ'이나 'ㅌ'에 가까운 발음을 하게 되며, 어말이나 어중에 들어가면 'ㅌ'이나 'ㄸ'에 가까운 발음을 하게 된다. ち는 어두에 오면 '지'나 '치'로 발음하게 되고 어말이나 어중에 들어가면 '치'나 '찌'로 발음하게 된다. つ는 한국어에 없는 발음이므로 원어민 발음을 많이 듣고 연습해야 하며 '츠', '쓰', '쯔'로 발음해서는 안 된다.

[ta]	[chi]	[tu]	[te]	[to]
た	ち	つ	て	と
タ	チ	ツ	テ	ト

tako **たこ** 문어 chichi **ちち** 아버지 tsuki **つき** 달 te **て** 손 tokei **とけい** 시계

(5) な(ナ)행

な행 발음은 '나/니/누/네/노'에 가까운 발음이다.

[na]	[ni]	[nu]	[ne]	[no]
な	に	ぬ	ね	の
ナ	ニ	ヌ	ネ	ノ

nashi なし 배　niku にく 고기　inu いぬ 개　neko ねこ 고양이　kinoko きのこ 버섯

(6) は(ハ)행

'하/히/후/헤/호'에 가까운 발음이지만 は행이 어중이나 어말에 들어간 경우 바람을 의식적으로 내뱉듯이 발음하는 것이 좋다(예를 들어 ひふ(피부)의 경우 일본인들의 귀에 '히우'라고 들릴 수 있으므로 주의해야 한다).

[ha]	[hi]	[hu]	[he]	[ho]
は	ひ	ふ	へ	ほ
ハ	ヒ	フ	ヘ	ホ

hana はな 꽃/코　hito ひと 사람　saihu さいふ 지갑　heso へそ 배꼽　hoshi ほし 별

(7) ま(マ)행

ま 행 발음은 '마/미/무/메/모'에 가까운 발음이다.

[ma]	[mi]	[mu]	[me]	[mo]
ま	み	む	め	も
マ	ミ	ム	メ	モ

まえ(ma e) 앞 **みみ**(mimi) 귀 **むし**(mushi) 벌레 **こめ**(kome) 쌀 **もも**(momo) 복숭아

(8) や(ヤ)행

や행은 현재 3가지로 이루어져 있고 반모음이며 '야/유/요'에 가까운 발음이다.

[ya]	[yu]	[yo]
や	ゆ	よ
ヤ	ユ	ヨ

おや(o ya) 부모 **ゆり**(yuri) 백합 **よる**(yoru) 밤

(9) ら(ラ)행

ら행은 '라/리/루/레/로'에 가까운 발음이다.

[ra]	[ri]	[ru]	[re]	[ro]
ら	り	る	れ	ろ
ラ	リ	ル	レ	ロ

raku らく 편안함　risu りす 다람쥐　kuruma くるま 자동차　are あれ 저것　kuroi くろい 까맣다

(10) わ(ワ)행

わ는 '와'와 발음이 거의 같으며 を는 '오'라고 발음하나 조사로서만 사용한다. ん은 단독으로 발음하기가 어렵고 뒤에 어떤 히라가나가 오느냐에 따라서 'ㄴ,ㅁ,ㅇ'으로 발음하게 된다.

[wa]	[o]	[n]
わ	を	ん
ワ	ヲ	ン

kawa かわ 강/가죽　sashimi o taberu さしみをたべる 회를 먹다　yakang やかん 주전자

2 탁음(濁音)

だくおん

(1) が(ガ)행

が행의 발음은 한국인에게 어려운 발음 중 하나로, 특히 어두에 들어갈 때는 성대를 의식적으로 울려서 소리를 내야 한다.

[ga]	[gi]	[gu]	[ge]	[go]
が	ぎ	ぐ	げ	ご
ガ	ギ	グ	ゲ	ゴ

kagami **かがみ** 거울 tamanegi **たまねぎ** 양파 kagu **かぐ** 가구 geta **げた** 나막신 anago **あなご** 붕장어

(2) ざ(ザ)행

ざ행의 발음 중 특히 ざ,ず,ぜ,ぞ를 '자/즈/제/조'로 발음하지 않도록 원어민 발음을 잘 듣고 연습해야 한다.

[za]	[ji]	[zu]	[ze]	[zo]
ざ	じ	ず	ぜ	ぞ
ザ	ジ	ズ	ゼ	ゾ

goza **ござ** 돗자리 kujira **くじら** 고래 chizu **ちず** 지도 kaze **かぜ** 바람/감기 kazoku **かぞく** 가족

(3) だ(ダ)행

だ행도 が행과 마찬가지로 어두에 들어갈 때 성대를 의식적으로 울려서 발음해야 한다. づ는 ず와 발음이 같다.

[da]	[ji]	[zu]	[de]	[do]
だ	ぢ	づ	で	ど
ダ	ヂ	ヅ	デ	ド

dashi
だし 다시(가다랑어 포, 멸치, 다시마 등을 우려낸 국물로, 맛을 내는 데 사용함)

hanaji **はなぢ** 코피　kozutsumi **こづつみ** 소포　sode **そで** 소매　kodomo **こども** 아이

(4) ば(バ)행

ば행은 '바/비/부/베/보'에 가까운 발음이지만 어두에 들어갈 때 특히 의식적으로 성대를 울려서 발음해야 한다.

[ba]	[bi]	[bu]	[be]	[bo]
ば	び	ぶ	べ	ぼ
バ	ビ	ブ	ベ	ボ

shibahu **しばふ** 잔디　hebi **へび** 뱀　kabushiki **かぶしき** 주식　kuchibeni **くちべに** 립스틱　oshibori **おしぼり** 물수건

3 반탁음(半濁音)

はんだくおん

(1) ぱ(パ)행

반탁음 발음은 아래 5개가 전부이며 어두에 들어갈 때는 'ㅍ'이나 'ㅂ'에 가깝고 어중이나 어말에서는 'ㅍ'이나 'ㅃ'에 가까운 발음을 하게 된다. 특히 어두에서 'ㅂ'으로 발음할 경우 성대를 많이 울리면 ば행 발음이 되므로 조심해야 한다.

[pa]	[pi]	[pu]	[pe]	[po]
ぱ	ぴ	ぷ	ぺ	ぽ
パ	ピ	プ	ペ	ポ

ぴかぴか(pikapika) 반짝반짝　**ぷかぷか**(pukapuka) 둥실둥실　**ぺこぺこ**(pekopeko) 꼬르륵　**ぽろぽろ**(poroporo) 주르르

4 요음(拗音)

ようおん

い단(き, し, ち, に, ひ, み, り 등)의 글자 뒤에 반모음인 'や, ゆ, よ'를 작게 붙여서 동시에 발음한다.

Ki+ya[kya]	Ki+yu[kyu]	Ki+yo[kyo]
きゃ	きゅ	きょ
キャ	キュ	キョ

きゃく(k yaku) 손님　**きゅうに**(k yu u ni) 갑자기　**こきょう**(ko k yo u) 고향

si+ya[sha]	si+yu[shu]	si+yo[sho]
しゃ	しゅ	しょ
シャ	シュ	ショ

しゃかい(shakai) 사회　しゅみ(shumi) 취미　しょるい(shorui) 서류

chi+ya[cha]	chi+yu[chu]	chi+yo[cho]
ちゃ	ちゅ	ちょ
チャ	チュ	チョ

おちゃ(ocha) 차(茶)　ちゅうい(chuui) 주의　ちょすいち(chosuichi) 저수지

ni+ya[nya]	ni+yu[nyu]	ni+yo[nyo]
にゃ	にゅ	にょ
ニャ	ニュ	ニョ

ぐにゃぐにゃ(gunyagunya) 흐물흐물　にゅうがく(nyuugaku) 입학　にょうぼう(nyoubou) 아내

hi+ya[hya]	hi+yu[hyu]	hi+yo[hyo]
ひゃ	ひゅ	ひょ
ヒャ	ヒュ	ヒョ

ひゃく(hyaku) 백(百)　ひゅうひゅう(hyuuhyuu) 휙휙(바람이 부는 소리)　ひょうか(hyouka) 평가

mi+ya[mya]	mi+yu[myu]	mi+yo[myo]
みゃ	みゅ	みょ
ミャ	ミュ	ミョ

myaku みゃく 맥박　myu jikaru ミュージカル 뮤지컬　myouji みょうじ 성씨

ri+ya[rya]	ri+yu[ryu]	ri+yo[ryo]
りゃ	りゅ	りょ
リャ	リュ	リョ

ryakuji りゃくじ 약자(略子)　ryuugaku りゅうがく 유학　ryouri りょうり 요리

gi+ya[gya]	gi+yu[gyu]	gi+yo[gyo]
ぎゃ	ぎゅ	ぎょ
ギャ	ギュ	ギョ

gyaku ぎゃく 거꾸로　gyuuniku ぎゅうにく 소고기　gyouza ぎょうざ 교자(만두)

ji+ya[jya]	ji+yu[jyu]	ji+yo[jyo]
じゃ	じゅ	じょ
ジャ	ジュ	ジョ

jagaimo じゃがいも 감자　juusyo じゅうしょ 주소　kanojo かのじょ 그녀

bi+ya[bya]	bi+yu[kyu]	bi+yo[byo]
びゃ	びゅ	びょ
ビャ	ビュ	ビョ

びゃくや(byakuya) 백야 びゅうびゅう(byuubyuu) 웽웽(바람이 세차게 부는 소리) けびょう(kebyou) 꾀병

pi+ya[pya]	pi+yu[pyu]	pi+yo[pyo]
ぴゃ	ぴゅ	ぴょ
ピャ	ピュ	ピョ

はっぴゃく(happyaku) 팔백(800) ピューマ(pyuma) 퓨마 ぴょこぴょこ(pyokopyoko) 폴짝폴짝

5 촉음(促音(そくおん))

촉음은 한국어의 받침 'ㄱ, ㅅ, ㄷ, ㅂ'에 해당되는 발음으로 작은 つ로 표시한다. 작은 つ 뒤에 어떤 히라가나가 오느냐에 따라서 발음이 바뀌며 작은 つ가 들어간다 하더라도 발음할 때 한 박자를 두고 발음하는 점에 주의해야 한다.

① **'ㄱ' 받침으로 발음되는 경우** · · · 「っ」 뒤에 「か행(か · き · く · け · こ)」이 올 때

さっか(1 2 3) 작가 cf. さか(1 2) 비탈길

かっこ(1 2 3) 괄호 cf. かこ(1 2) 과거

② **'ㅅ' 받침으로 발음되는 경우** · · · 「っ」 뒤에 「さ행(さ · し · す · せ · そ)」이 올 때

あっさり 깨끗이　cf. あさり 바지락

いっしょ 함께　cf. いしょ 유서

③ **'ㄷ' 받침으로 발음되는 경우** · · · 「っ」 뒤에 「た행(た · ち · つ · て · と)」이 올 때

おっと 남편　cf. おと 소리

せったい 접대　cf. せたい 세대

④ **'ㅂ' 받침으로 발음되는 경우** · · · 「っ」 뒤에 「ぱ행(ぱ · ぴ · ぷ · ぺ · ぽ)」이 올 때

きっぷ 표　いっぱい 가득/한잔

6 발음(撥音(はつおん))

발음은 한국어의 받침 'ㄴ,ㅇ,ㅁ'에 해당되는 발음으로 ん으로 표기한다. ん 뒤에 어떤 히라가나가 오느냐에 따라서 발음이 바뀌며 읽을 때 한 박자를 두고 발음하는 점에 주의한다. 'ㄴ,ㅇ,ㅁ' 외에 ㄴ과 ㅇ의 중간음이 나는 경우가 있다.

① **'ㅁ'으로 발음되는 경우** · · · 「ん」 뒤에 「ま · ば · ぱ」 행이 올 때

あんま [amma] 안마　とんぼ [tombo] 잠자리　さんぽ [sampo] 산책

② **'ㄴ'으로 발음되는 경우** · · · 「ん」 뒤에 「さ · ざ · た · だ · な · ら」 행이 올 때

さんそ [sanso] 산소　かんじ [kanji] 한자

けんとう [kentou] 짐작　おんど [ondo] 온도

こんにゃく [konnyaku] 곤약　ろんり [ronri] 논리

주의 특히 한국인의 경우 「ん」 뒤에 ら행(ら・り・る・れ・ろ)이 들어갈 경우 발음하기가 어려우므로 연습을 많이 해야 한다. 예) べんり 편리함　かんり 관리　きんろう 근로

③ 'ㅇ'으로 발음되는 경우 ・・・ 「ん」 뒤에 「か・が」 행이 올 때

あんこ [aŋko] 팥　がんか [gaŋka] 안과

ばんぐみ [baŋgumi] TV 프로(그램)　だんご [daŋgo] 경단

④ 'ㄴ과 ㅇ의 중간음'이 되는 경우 ・・・ 「ん」 뒤에 「あ・は・や・わ」 행이 올 때

れんあい [reNai] 연애　よんひき [yoNhiki] 네 마리

ほんや [hoNya] 책방　でんわ [deNwa] 전화

주의 「ん」이 맨 끝에 들어갈 경우도 'ㄴ과 ㅇ의 중간음'으로 발음한다.
예) おでん [odeN] 어묵　きぶん [kibuN] 기분　おぼん [oboN] 쟁반

7 장음(長音(ちょうおん))

장음은 말 그대로 길게 발음하며 한 박자를 두고 발음해야 한다. 가타카나의 경우 「ー」로 표기한다.

① あ단＋あ

おばあさん 할머니　cf. おばさん 아줌마

はあく 파악　cf. はく 신다

② い단＋い

1 2 3 4 5 　 1 2 3 4
おじいさん 할아버지 　cf. おじさん 아저씨

1 2 3 　 1 2
ほしい 갖고 싶다 　cf. ほし 별

③ う단＋う

1 2 3 　 1 2
くうき 공기 　cf. くき 줄기

1 2 3 4 　 1 2 3
きょうふう 강풍 　cf. きょうふ 공포

④ a. え단＋え

1 2 3 4 5
おねえさん 언니, 누나

b. え단＋い

1 2 3 　 1 2
げいしゃ 게이샤 　cf. げしゃ 하차

1 2 3 4 　 1 2
ゆうめい 유명함 　cf. ゆめ 꿈

⑤ a. お단＋お

1 2 3 　 1 2
とおり 거리 　cf. とり 새

1 2 3 　 1 2
おおい 많다 　cf. おい 남자 조카

b. お단＋う

1 2 3 　 1 2
そうこ 창고 　cf. そこ 거기, 그곳

1 2 3 4 　 1 2 3
こうよう 단풍 　cf. こよう 고용

8 기타 발음

A : 아래의 발음은 앞의 가타카나와 뒤의 모음을 동시에 하는 발음이다.

① う단(ウ・ク・フ)+ァ ➡ 우+아=와 예 ソファー 소파

② テ+ィ ➡ 테+이=티 예 パーティー 파티

③ ト+ゥ ➡ 토+우=투 예 タトゥー 타투(문신)

④ う단(ウ・ク・フ)+ェ ➡ 우+에=웨 예 カフェイン 카페인

⑤ う단(ウ・ク・フ)+ォ ➡ 우+오=워

주의 실제 발음은 '우'와 '오'를 동시에 발음한다. 예 ウォークマン 워크맨

B : 「く」 뒤에 들어가는 글자가 「さ행」인 경우, 앞의 「く」의 발음을 'ㄱ받침'으로 발음한다.

예 がくせい(학생) ➡ 각세 おくさん(부인) ➡ 옥상 たくさん(많이) ➡ 닥상

9 가타카나로 이름 쓰기

보통 자기 이름을 일본어로 표기할 때는 가타카나로 쓴다. 자기 이름이나 남의 이름을 가타카나로 쓸 수 있도록 연습해 놓는 것이 좋다.

〈이름을 쓸 때의 요령〉

1. 맨 앞에 오는 성을 쓸 때에는 탁음으로 표기하지 않는다.

예 김: ギム(×) ➡ キム(◯)　　박: バク(×) ➡ パク(◯)

2. 성 뒤에 자기 이름을 쓸 때 ㄱ,ㄷ,ㅂ,ㅈ이 들어간다면 탁음으로 표기한다.

주의 '지'의 경우는 ヂ보다 ジ가 일반적이며, '자' '제' '조' '주'는 「ジャ」「ジェ」「ジョ」「ジュ」가 된다.

예 김기수 ➡ キムギス　　박보근 ➡ パクボグン、

정다운 ➡ チョンダウン　　이제훈 ➡ イジェフン

3. ① ㅗ, ㅓ ➡ オ단으로 표기　예 김서희, 김소희 ➡ キムソヒ

② ㅡ, ㅜ ➡ ウ단으로 표기　예 강은진, 강운진 ➡ カンウンジン

③ ㅢ ➡ イ단으로 표기　예 박보희 ➡ パクボヒ

④ ㄱ받침 ➡ ク로 표기　예 김애숙 ➡ キムエスク

⑤ ㅔ ➡ エ단으로 표기　예 이혜리 ➡ イヘリ

⑥ ㅁ받침 ➡ ム로 표기　예 김아람 ➡ キムアラム

⑦ 여, ㅕ ➡ ヨ, ョ로 표기　예 여명기 ➡ ヨミョンギ

⑧ ㄹ받침 ➡ ル로 표기　예 배호열 ➡ ペホヨル

⑨ 외, 왜, 웨 ➡ ウェ로 표기　예 이외수 ➡ イウェス

⑩ ㄴ, ㅇ받침 ➡ ン로 표기　예 강호동 ➡ カンホドン

⑪ 저 ➡ ジョ로 표기　예 박정은 ➡ パクジョンウン

⑫ 과 ➡ グァ(ぐぁ)로 표기 예 김민관 ➡ キンミングァン(きんみんぐぁん)

⑬ 연음화가 될 경우

예 이현우 ➡ イヒョンウ(いひょんう) or イヒョヌ(いひょぬ)　강민호 ➡ カンミンホ(かんみんほ) or カンミノ(かんみの)

⑭ ㅂ받침 ➡ プ(ぷ)로 표기 예 김진섭 ➡ キムジンソプ(きむじんそぷ)

〈여러분의 이름을 가타카나로 크게 써 보세요〉

〈가타카나로 연예인 이름 쓰기 연습〉

다음 연예인 이름을 가타카나로 쓰세요.

① 아이유 ➡ ________　② 고소영 ➡ ________

③ 이영애 ➡ ________　④ 배용준 ➡ ________

⑤ 장동건 ➡ ________　⑥ 송강호 ➡ ________

⑦ 조혜련 ➡ ________　⑧ 이승기 ➡ ________

⑨ 원　빈 ➡ ________　⑩ 박상민 ➡ ________

⑪ 김범수 ➡ ________　⑫ 하지원 ➡ ________

10 자주 쓰는 인사말

공손한 표현	おはようございます (아침 인사)	こんにちは (낮 인사)	こんばんは (저녁 인사)
반말	おはよう		

공손한 표현	ありがとうございます 감사합니다	どういたしまして 천만에요	すみません 죄송합니다
반말	ありがとう 고마워		ごめん 미안

공손한 표현	おやすみなさい 안녕히 주무십시오	いただきます 잘 먹겠습니다 잘 마시겠습니다	ごちそうさまでした 잘 먹었습니다 잘 마셨습니다
반말	おやすみ 잘 자라		ごちそうさま 잘 먹었어 / 잘 마셨어

공손한 표현 반말	いってきます 다녀오겠습니다	いって(い)らっしゃい 다녀오세요	

주의 「こんにちは」, 「こんばんは」의 「は」는 '하'로 발음하지 않고 '와'로 발음한다.

공손한 표현	ただいま 다녀왔습니다	おかえりなさい 잘 다녀오셨어요?	おひさしぶりです 오래간만입니다	おげんきですか 잘 지내십니까?
반말		おかえり 잘 다녀왔어?	ひさしぶり 오래간만이야	げんき 잘 지내?

<table>
<tr><td></td><td></td><td></td><td></td></tr>
<tr><td>공손한
표현</td><td>おつかれさまでした
수고하셨습니다</td><td>ごくろうさまでした
수고하셨습니다</td><td rowspan="2">しつれいします
실례합니다</td></tr>
<tr><td>반말</td><td>おつかれさま
(おつかれさん)
수고했어</td><td>ごくろうさま
(ごくろうさん)
수고했어</td></tr>
<tr><td></td><td></td><td colspan="2"></td></tr>
<tr><td>공손한
표현</td><td rowspan="2">ごめんください
(방문해서) 계십니까?</td><td rowspan="2">また、あした
내일 또 뵙겠습니다
내일 또 보자</td><td rowspan="2">さよ(う)なら
안녕히 가(계)세요
じゃあね
잘 가 / 잘 있어</td></tr>
<tr><td>반말</td></tr>
<tr><td></td><td></td><td></td><td></td></tr>
<tr><td>공손한
표현</td><td>おきをつけて
조심히 가세요</td><td rowspan="2">また、らいしゅう
다음 주에 봅시다
다음에 뵙겠습니다</td><td rowspan="2">おだいじに
몸조리 잘하세요</td></tr>
<tr><td>반말</td><td>きをつけて
조심히 가</td></tr>
</table>

차례

제1과

はじめまして。
水野（みずの）です。

제1과 | はじめまして。水野(みずの)です。

학습 포인트

- ～は～です
- ～ですか
- これ/それ/あれ/どれ
- ～の～
- ～では ありません
- おねがいします
- どうぞ

Conversation

水野(みずの) はじめまして。水野です。どうぞ よろしく おねがいします。

金(キム) はじめまして。金です。こちらこそ よろしく おねがいします。これは 私(わたし)の めいしです。どうぞ。

水野 あ、どうも。・・・台湾(たいわん)の 方(かた)ですか。

金 いいえ、台湾人(たいわんじん)では ありません。韓国人(かんこくじん)です。

단어

はじめまして 처음 뵙겠습니다 **～です** ～입니다 **どうぞ** 아무쪼록 **よろしく** 잘 **おねがいします** 부탁합니다 **こちら** 이쪽 **こそ** ～야말로 **これ** 이것 **～は** ～은/는 **私(わたし)** 나/저 **の** ～의 **めいし** 명함 **どうぞ** 받으세요 **どうも** 고맙습니다 **台湾(たいわん)** 대만 **方(かた)** ～분(사람을 높여서 이르는 말) **いいえ** 아니오 **～ではありません** ～이/가 아닙니다 **韓国人(かんこくじん)** 한국인

Grammar

1 ～は～です　～은/는 ~입니다

私(わたし)は 韓国人(かんこくじん)です。

彼(かれ)は 中国人(ちゅうごくじん)です。

私は 李(り)です。

彼女(かのじょ)は 田中(たなか)さんです。

私は 学生(がくせい)です。

인칭대명사

1인칭	私(わたくし) / 私(わたし) / 僕(ぼく) / 俺(おれ) / あたし	저/나
2인칭	あなた / 君(きみ) / おまえ	당신/자네/너
3인칭	彼(かれ) / 彼女(かのじょ)	그/그녀
부정칭	だれ / どなた	누구/어느 분

2 ～ですか　~입니까?

A: 彼は 中国人ですか。

B: はい、中国人です。

A: 彼は 先生(せんせい)ですか。

B: いいえ、学生です。

단어

中国人(ちゅうごくじん) 중국인　**学生(がくせい)** 학생　**先生(せんせい)** 선생님

3 これ/それ/あれ/どれ　이것 / 그것 / 저것 / 어느 것

これは かばんです。

それは おかしです。

あれは くるまです。

しょうゆは どれですか。

4 ～の～　～의～

彼は ソウル大学(そうるだいがく)の 学生です。

私は インド(いんど)の 留学生(りゅうがくせい)です。

これは 私の かばんです。

先生の くるまは どれですか。

5 ～では ありません/～じゃ ないです　～이/가 아닙니다

私は 学生(がくせい)では ありません。

彼(かれ)は 日本語(にほんご)の 先生(せんせい)では ありません。

彼女は 主婦(しゅふ)じゃ ないです。

あれは 韓国(かんこく)の くるまじゃ ないです。

●● 단어

ソウル(そうる)大学(だいがく) 서울대학교　**インド(いんど)** 인도　**留学生(りゅうがくせい)** 유학생

かばん 가방　**おかし** 과자　**くるま** 자동차　**しょうゆ** 간장　**日本語(にほんご)** 일본어

主婦(しゅふ) 주부

6 おねがいします　부탁합니다

私たちを よろしく おねがいします。

おひや、おねがいします。

とんかつ、おねがいします。

田中(たなか)さん、コピー(こぴ)、おねがいします。

7 どうぞ　영어 please와 같은 역할

① (누군가 방문하여 문을 두드릴 때) どうぞ。들어오세요.

② (소파 앞에 서 있는 손님에게) どうぞ。앉으세요.

③ (선물을 상대방에게 건네면서) どうぞ。받으세요.

④ (상대방이 질문을 하기 원할 때) どうぞ。말씀하세요.

⑤ (손님에게 커피를 드리면서) コーヒー(こ ひ)、どうぞ。커피 드세요.

⑥ (손님을 방으로 안내할 때) どうぞ。이쪽으로 오십시오.

단어

～たち ～들　**おひや** 냉수　**とんかつ** 돈가스　**コピー**(こぴ) 복사　**コーヒー**(こ ひ) 커피

Let's write

1. 그녀는 중국인입니다.

2. 나는 중국인이 아닙니다.

3. 나는 한국인입니다.

4. 이것은 가방입니까?

5. 그는 유학생입니까?

6. 아니요, 유학생이 아닙니다.

7. 저것은 일본 자동차입니까?

8. 아니요, 저것은 한국 자동차입니다.

9. 다나카 씨의 과자는 어느 것입니까?

10. 다나카 씨의 과자는 이것입니다.

Let's talk

イチャノ(いちゃの) 高校生(こうこうせい) / 韓国(かんこく)	ゆうこ 大学生(だいがくせい) / 日本(にほん)	リタオ(りたお) 会社員(かいしゃいん) / 中国(ちゅうごく)	スミス(すみす) 歌手(かしゅ) / アメリカ(あめりか)	アラン(あらん) 留学生(りゅうがくせい) / フランス(ふらんす)

ロペス(ろぺす) 医者(いしゃ) / スペイン(すぺいん)	アンナ(あんな) モデル(もでる) / ロシア(ろしあ)	ボビー(ぼびー) 中学生 / スイス(すいす)	リサ(りさ) 看護師(かんごし) / カナダ(かなだ)	ロザンナ(ろざんな) OL / イタリア(いたりあ)

다음 물음에 일본어로 대답해 봅시다.

1. スミス(すみす)さんは アメリカ(あめりか)人ですか。

2. ゆうこさんは 中国人ですか。

단어

高校生(こうこうせい) 고교생　**大学生(だいがくせい)** 대학생

会社員(かいしゃいん) 회사원　**歌手(かしゅ)** 가수　**医者(いしゃ)** 의사

モデル(もでる) 모델　**中学生(ちゅうがくせい)** 중학생　**看護師(かんごし)** 간호사

OL(office lady 일본식 영어) 여자 사무원

Let's talk

3. ボビー（ぼび）さんは 中学生ですか。

4. アンナ（あんな）さんは モデル（もでる）ですか。

5. ロザンナ（ろざんな）さんは 歌手ですか。

6. ロペス（ろぺす）さんは フランス（ふらんす）人ですか。

7. リサ（りさ）さんは ロシア（ろしあ）人ですか。

8. リタオ（りたお）さんは 留学生ですか。

9. アラン（あらん）さんは イタリア（いたりあ）人ですか。

10. イチャノ（いちゃの）さんは 高校生ですか。

여러 가지 나라 이름

 おらんだ オランダ 네덜란드	 ぎりしゃ ギリシャ 그리스	 あいるらんど アイルランド 아일랜드
 お すとりあ オーストリア 오스트리아	 すうぇ でん スウェーデン 스웨덴	 どいつ ドイツ 독일
 でんま く デンマーク 덴마크	 いぎりす イギリス 영국	 のるうぇ ノルウェー 노르웨이
 ふぃんらんど フィンランド 핀란드	 お すとらりあ オーストラリア 호주	 べるぎ ベルギー 벨기에

Let's talk

여러 가지 직업

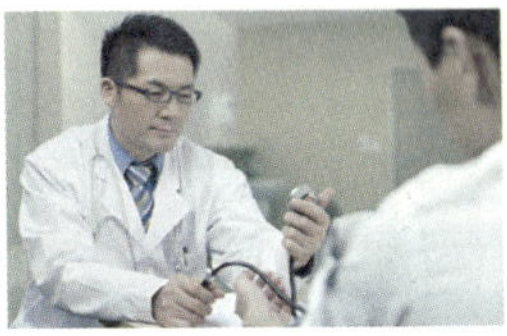
いしゃ
医者
의사

かんごし
看護師
간호사

たれんと
タレント
탤런트

じえいぎょう
自営業
자영업자

しょうぼうし
消防士
소방관

ぎんこういん
銀行員
은행원

きょうし
教師
교사

せんぎょうしゅふ
専業主婦
전업주부

どらいば
ドライバー
운전기사

けいさつかん
警察官
경찰관

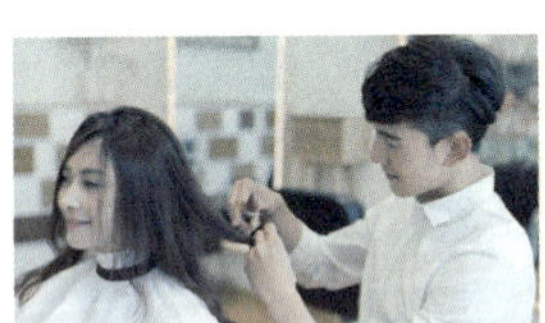
びようし
美容師
미용사

さびすぎょう
サービス業
서비스업 종사자

한자 공부

입 구　**口**

음독 こう　훈독 くち

例 人口(じんこう) 인구　口紅(くちべに) 립스틱

계집 녀　**女**

음독 じょ(にょう)　훈독 おんな

例 女王(じょおう) 여왕　女(おんな)の人(ひと) 여인

일만 만　**万**

음독 없음　훈독 まん

例 十万(じゅうまん) 십만　万歳(ばんざい) 만세

뫼 산　**山**

음독 さん　훈독 やま

例 登山(とざん) 등산　山登(やまのぼ)り 등산

위 상　**上**

음독 じょう　훈독 うえ・うわ・**あ**げる

例 上司(じょうし) 상사　上着(うわぎ) 윗옷

제2과

水野(みずの)さん。
それは 何(なん)ですか。

제2과 | 水野さん。それは 何ですか。

학습 포인트 지시사(これ/こちら/この)
何ですか。
そうですか
～も
～の
ちがいます

Conversation

金　水野さん。それは 何ですか。

水野　これですか。これは 英語の 本です。

金　そうですか。では、これも 英語の 本ですか。

水野　いいえ、これは 英語の 本じゃ ありません。
日本の 雑誌です。

金　その 雑誌は 水野さんのですか。

水野　はい、そうです。でも、この 英語の 本は ちがいます。
あちらの 李さんのです。

단어

それ 그것　**何(なん)** 무엇　**英語(えいご)** 영어　**本(ほん)** 책　**そうですか** 그렇습니까?
では 그러면　**～も** ～도　**雑誌(ざっし)** 잡지　**その** 그　**そうです** 그렇습니다
でも 하지만　**この** 이　**～の**(명사로 쓰일 때) ～것　**ちがいます** 아닙니다

Grammar

1 これは 何ですか　이것은 무엇입니까?

A：それは 何ですか。

B：これは 薬(くすり)です。

A：これは 何ですか。

B：これは ライター(らいた)です。

A：あれは 何ですか。

B：あれは ねこです。

지시사 1

これ	それ	あれ	どれ
이것	그것	저것	어느 것

지시사 2

こちら	そちら	あちら	どちら
이쪽	그쪽	저쪽	어느 쪽

A：こちらは 社長の 金です。

B：はじめまして、田中はじめです。

단어

薬(くすり) 약　**ライター**(らいた) 라이터　**ねこ** 고양이　**社長(しゃちょう)** 사장님

Grammar

トイレは あちらです。

どうぞ、こちらへ。

2 そうです / そうですか　그렇습니다 / 그렇습니까?

A：金さんは 韓国人(かんこくじん)ですか。

B：はい、そうです。

A：私(わたし)は 公務員(こうむいん)です。

B：あ～、そうですか。↘

A：彼(かれ)は 会社(かいしゃ)の 社長(しゃちょう)です。

B：え？そうですか。↗

3 ～も　～도

私も 会社員(かいしゃいん)です。

これも 日本(にほん)の 車(くるま)です。

彼女(かのじょ)も 外国人(がいこくじん)です。

단어

トイレ(といれ) 화장실　**～へ** ～로　**会社(かいしゃ)** 회사　**会社員(かいしゃいん)** 회사원

日本(にほん) 일본　**車(くるま)** 자동차　**外国人(がいこくじん)** 외국인

4 この/その/あの/どの　이/그/저/어느

この ボールペンは アメリカ製です。

その いぬは チワワです。

あの 学生は タイ人です。

A：あの 本は だれの 本ですか。

B：どの 本ですか。

A：これです。これ。

B：あ～、これは 金さんの 本です。

5 ～の　～것

A：この 時計は だれのですか。

B：その 時計は 朴さんのです。

A：これは 金さんのですか。

B：いいえ、これは 金さんのじゃ ないです。

李さんのです。

단어

ボールペン 볼펜　**～製(せい)** (접미사)～제　**いぬ** 개　**チワワ** 치와와　**タイ** 태국

時計(とけい) 시계

6 ちがいます　아닙니다

A：これは 金さんのですか。

B：いいえ、ちがいます。李さんのです。

A：斉藤(さいとう)さんですか。

B：いいえ、ちがいます。佐藤(さとう)です。

Let's write

1. 그것은 무엇입니까?

2. 이것은 자동차 잡지입니다.

3. 그 잡지는 누구 것입니까?

4. 이 잡지는 김 씨 것입니다.

5. 저 잡지도 김 씨 것입니까?

6. 아닙니다. 저 잡지는 이 씨 것입니다.

7. 저것은 개입니까?

8. 아니요, 저것은 고양이입니다.

9. 다나카 씨는 의사입니까?

10. 예, 그렇습니다.

Let's talk

<table>
<tr>
<td>
かばん 가방
(たかはし)</td>
<td>
かさ 우산
すじ
(金スジ)</td>
<td>
じしょ 사전
ありす
(アリス)</td>
</tr>
<tr>
<td>
けいたい 휴대전화
じょん
(ジョン)</td>
<td>
の　とぱそこん
ノートパソコン 노트북
なり
(李ナリ)</td>
<td>
じゃんば
ジャンバー 점퍼
けり
(ケリー)</td>
</tr>
<tr>
<td>
でんわ 전화기
(なかむら)</td>
<td>
いす 의자
しんせんせい
(申先生)</td>
<td>
ずぼん (양복)바지
あり
(アリー)</td>
</tr>
</table>

■ 위의 그림을 보면서 사물의 이름을 쓰고, 누구 것인지 말해 보세요.

1. これは 何ですか。

2. この○○は だれのですか。

여러 가지 물건

 カメラ(かめら) 카메라	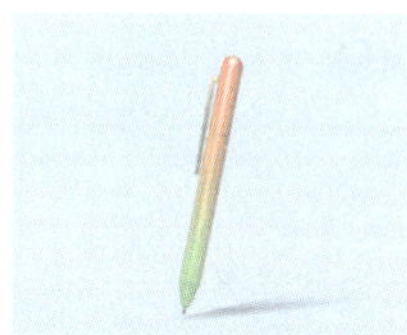 シャープペン(しゃぷぺん) 샤프	 腕時計(うでどけい) 손목시계
 くつ 구두	 めがね 안경	 新聞(しんぶん) 신문
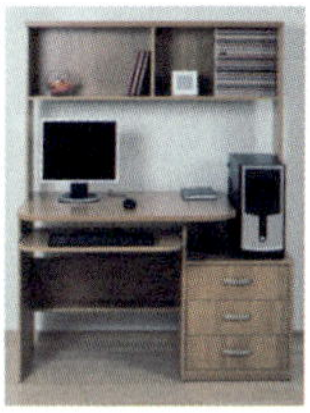 机(つくえ) 책상	 テレビ(てれび) 텔레비전	 テーブル(てぶる) 테이블
 本(ほん)だな 책장	 帽子(ぼうし) 모자	 えんぴつ 연필

한자 공부

작을 소 **小**

음독 しょう　훈독 **ちい**さい・こ・お

例 大小(だいしょう) 크고 작다

물 수 **水**

음독 すい　훈독 みず

例 水道(すいどう) 수도　お水(みず) 물

들 입 **入**

음독 にゅう　훈독 **はい**る・**い**れる・いる

例 入場(にゅうじょう) 입장　出入(でい)り 출입

아들 자 **子**

음독 し　훈독 こ

例 息子(むすこ) 아들　子供(こども) 아이

일천 천 **千**

음독 せん　훈독 ち

例 千人(せんにん) 천명　三千(さんぜん) 삼천(3000)

제3과

金さんの 携帯番号(けいたいばんごう)は 何番(なんばん)ですか。

군군일본어

제3과 | 金さんの 携帯番号(けいたいばんごう)は 何番(なんばん)ですか。

학습 포인트 ~が
~ですね
숫자 읽기 1
~ですよ

Conversation

金　あ～、これが 最新(さいしん)の スマートフォン(すまとふぉん)ですね。

水野　はい、そうです。

金　私のは ４年前(よねんまえ)の 携帯(けいたい)です。

ところで、水野さんの 携帯番号(けいたいばんごう)は 何番(なんばん)ですか。

水野　私(わたし)の 携帯番号(けいたいばんごう)は ０８０－４９２１－５５２６(ぜろはちぜろ の よんきゅうにいち の ご ご に ろく)です。

金　０８０－４９２１－５５２６(ぜろはちぜろ の よんきゅうにいち の ご ご に ろく) ですね。

단어

～が ～이/가　**最新(さいしん)** 최신　**スマートフォン(すまとふぉん)** 스마트폰　**～ですね** ～지요?

４年前(よねんまえ) 4년 전　**携帯(けいたい)** 휴대전화　**ところで** 그런데

万円(まんえん) 만 엔　**携帯番号(けいたいばんごう)** 휴대전화 번호　**何番(なんばん)** 몇 번

Grammar

1 ～が　～이/가

日本人(にほんじん)：これが スンデ(すんで)ですか。

韓国人(かんこくじん)：はい、そうです。

韓国人(かんこくじん)：もしかして、あれが 東京スカイツリー(とうきょうすかいつり)ですか。

日本人(にほんじん)：はい、そうです。あれが スカイツリー(すかいつり)です。

2 ～ですね　～지요? (확인)

彼(かれ)が 木村君(きむらくん)ですね。↗

あれが 東京駅(とうきょうえき)ですね。↗

A：アイスコーヒー(あいすこひ)、おねがいします。

B：はい、アイスコーヒー(あいすこひ)ですね。↗

●● 단어

もしかして 혹시　**東京(とうきょう)スカイツリー(すかいつり)** 동경스카이트리(634m)

～君(くん) ～군　**東京駅(とうきょうえき)** 동경역　**アイスコーヒー(あいすこひ)** 아이스커피

3 숫자 읽기 1

1～100

1	2	3	4	5
いち	に	さん	よん/し	ご
6	7	8	9	10
ろく	しち/なな	はち	きゅう/く	じゅう
20	30	40	50	60
にじゅう	さんじゅう	よんじゅう	ごじゅう	ろくじゅう
70	80	90	100	0
ななじゅう	はちじゅう	きゅうじゅう	ひゃく	ゼロ(ぜろ)/れい

100～1000

100	200	300	400	500
ひゃく	にひゃく	さんびゃく	よんひゃく	ごひゃく
600	700	800	900	1000
ろっぴゃく	ななひゃく	はっぴゃく	きゅうひゃく	せん

4 4年前(よねんまえ)です。 4년 전입니다.

1年	2年	3年	4年	5年
いちねん	にねん	さんねん	よねん	ごねん
1년	2년	3년	4년	5년
6年	7年	8年	9年	10年
ろくねん	ななねん/ しちねん	はちねん	きゅうねん	じゅうねん
6년	7년	8년	9년	10년
何年				
なんねん				
몇 년				

5 ～ですよ　～에요 (정보 제공)

A：あの人(ひと)は だれですか。

B：S大学(だいがく)の 先生(せんせい)ですよ。

A：あれは 何(なん)ですか。

B：あれは 南大門ですよ。

Let's write

1. 이 휴대전화는 2년 전 것입니다.

2. 이것이 일본 오뎅입니까?

3. 혹시 그분이 다나카 사장님입니까?

4. 다나카 씨의 휴대전화는 스마트폰입니다.

5. 김 씨의 전화번호는 몇 번입니까?

6. 98(히라가나로)

7. 361(히라가나로)

8. 4702(히라가나로)

9. 83126(히라가나로)

10. 126500(히라가나로)

Let's talk

イチャノ(いちゃの)	ゆうこ	リタオ(りたお)	スミス(すみす)	アラン(あらん)
010-5925-1143	090-7690-2850	080-1879-0352	011-6492-1045	010-9094-1145

ロペス(ろぺす)	アンナ(あんな)	ボビー(ぼび)	リサ(りさ)	ロザンナ(ろざんな)
090-1281-9932	080-1227-1281	010-0403-7730	010-8376-5018	010-0922-6688

■ **다음 물음에 일본어로 대답해 봅시다.**

1. リサ(りさ)さんの 携帯番号(けいたいばんごう)は 何番(なんばん)ですか。

2. ロペス(ろぺす)さんの 携帯番号は 何番ですか。

3. イチャノ(いちゃの)さんの 携帯番号は 何番ですか。

Let's talk

4. スミス(すみす)さんの 携帯番号は 何番ですか。

5. ロザンナ(ろざんな)さんの 携帯番号は 何番ですか。

6. アンナ(あんな)さんの 携帯番号は 何番ですか。

7. ゆうこさんの 携帯番号は 何番ですか。

8. ボビー(ぼび)さんの 携帯番号は 何番ですか。

9. アラン(あらん)さんの 携帯番号は 何番ですか。

10. リタオ(りたお)さんの 携帯番号は 何番ですか。

여러 가지 과일

 りんご 사과	 みかん 귤	 もも 복숭아
 ぶどう 포도	 まんご マンゴー 망고	 なし 배
 きうい キウイ 키위	 かき 감	 ぶる べり ブルーベリー 블루베리
 ばなな バナナ 바나나	 ぱいなっぷる パイナップル 파인애플	

흙 토 **土**

음독 ど・と　훈독 つち

例 土曜日(どようび) 토요일　土地(とち) 토지

아래 하 **下**

음독 か・げ　훈독 した・しも・**お**りる・**さ**げる・**く**だる

例 上下(じょうげ) 상하　地下鉄(ちかてつ) 지하철

나무 목 **木**

음독 もく・ぼく　훈독 き

例 木曜日(もくようび) 목요일　木(き)の実(み) 나무 열매

아비 부 **父**

음독 ふ　훈독 ちち

例 父母(ふぼ) 부모　父(ちち) 아버지

나눌 분 **分**

음독 ふん・ぶん　훈독 **わ**ける

例 5分(ふん) 5분　気分(きぶん) 기분

제4과

今(いま) 何時(なんじ)ですか。

군군일본어

제4과 | 今(いま) 何時(なんじ)ですか。

학습 포인트
- 何時(なんじ)ですか。
- 시간을 나타내는 표현
- ～ですが
- 何(なん)の～
- ～から～まで

Conversation

金　すいません。今(いま) 何時(なんじ)ですか。

水野　今(いま) 2時(じ)半(はん)ですが。

金　あ～、もう 時間(じかん)です。

水野　え？ 何(なん)の 時間ですか。

金　3時(さんじ)から バイト(ばいと)です。

水野　バイトは 何時までですか。

金　9時(く)までです。

단어

今(いま) 지금　**何時(なんじ)** 몇 시　**半(はん)** 반　**～ですか** ～입니다만　**もう** 벌써
時間(じかん) 시간　**何(なん)の** 무슨　**～から** ～부터　**バイト(ばいと)** 아르바이트　**～まで** ～까지

Grammar

1 何時ですか。 몇 시입니까?

시간 익히기

1時	2時	3時	4時	5時	6時
いちじ	にじ	さんじ	よじ	ごじ	ろくじ
7時	8時	9時	10時	11時	12時
しちじ	はちじ	くじ	じゅうじ	じゅういちじ	じゅうにじ

1分	2分	3分	4分	5分
いっぷん	にふん	さんぷん	よんぷん	ごふん
6分	7分	8分	9分	10分
ろっぷん	ななふん	はっぷん	きゅうふん	じゅっぷん
20分	30分	40分	50分	半
にじゅっぷん	さんじゅっぷん	よんじゅっぷん	ごじゅっぷん	はん
何分				
なんぷん				

今 何時ですか。

ちょうど 10時です。

10時半です。

10時10分前です。

10時5分すぎです。

今(いま) 지금　**ちょうど** 정각　**～前(まえ)** ～전　**～すぎ** 지나감

Grammar

때를 나타내는 말 익히기 1

一昨日	昨日	今日	明日	明後日
おととい	きのう	きょう	あした	あさって
그저께	어제	오늘	내일	모레

때를 나타내는 말 익히기 2

午前	午後	朝	昼	夜
ごぜん	ごご	あさ	ひる	よる
오전	오후	아침	낮	밤

2 ～ですが　～입니다만

もしもし 田中(たなか)ですが、金さん おねがいします。

A：もしもし 田中さん おねがいします。

B：私ですが。

3 何(なん)の～　무슨～

これは 何の ジュース(じゅす)ですか。

今日(きょう)は 何の 日(ひ)ですか。

何の 話(はなし)ですか。

4 ～から～まで　～부터 ～까지 (시간, 장소)

ニュースは 夜 ９時からです。

テストは 午前 １０時から １２時までです。

私の 家から 釜山駅まで ５分です。

●● 단어

もしもし 여보세요　**ジュース** 주스　**日(ひ)** 날　**話(はなし)** 이야기　**ニュース** 뉴스
テスト 테스트　**家(いえ/うち)** 집　**釜山(ぷさん)** 부산　**駅(えき)** 역

Let's write

1. 지금 몇 시 몇 분입니까?

2. 지금 3시 정각입니다.

3. 내일은 무슨 요일입니까?

4. 내일은 목요일입니다.

5. 김 씨는 한국인입니다만, 이 씨는 중국인입니다.

6. 이것은 일본 자동차입니다만, 저것은 미국 자동차입니다.

7. 이것은 무슨 라면입니까?

8. 아르바이트는 오전 10시부터 오후 4시까지입니다.

9. 나는 모레 아침 8시부터 아르바이트입니다.

10. 그녀의 집으로부터 역까지 15분입니다.

Let's talk

<table>
<tr>
<td>
えいがかん
映画館
영화관
(아침 10:00～밤 11:00)</td>
<td>
ぎんこう
銀行
은행
(아침 5:00～밤 8:00)</td>
<td>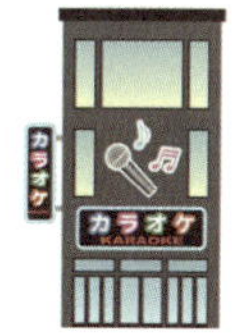
からおけ
カラオケ
노래방
(낮 1:00～아침 5:00)</td>
</tr>
<tr>
<td>
びょういん
病院
병원
(아침 9:00～저녁 6:00)</td>
<td>
ゆうびんきょく
郵便局
우체국
(아침 9:00～오후 5:00)</td>
<td>
でぱと
デパート
백화점
(아침 10:30～밤 8:00)</td>
</tr>
<tr>
<td>
がっこう
学校
학교
(아침 9:00～오후 4:30)</td>
<td>
すぱ
スーパー
슈퍼
(아침 10:00～밤 10:00)</td>
<td>
れすとらん
レストラン
레스토랑(식당)
(아침 11:00～밤 11:30)</td>
</tr>
</table>

다음 물음에 일본어로 대답해 봅시다.

1. デパート(でぱと)は 何時(いつ)から 何時(なんじ)までですか。

2. 病院(びょういん)は 何時から 何時までですか。

Let's talk

3. 映画館(えいがかん)は 何時から 何時までですか。

4. レストラン(れすとらん)は 何時から 何時までですか。

5. 郵便局(ゆうびんきょく)は 何時から 何時までですか。

6. 銀行(ぎんこう)は 何時から 何時までですか。

7. スーパー(すーぱー)は 何時から 何時までですか。

8. カラオケ(からおけ)は 何時から 何時までですか。

9. 学校(がっこう)は 何時から 何時までですか。

여러 가지 가게

八百屋(やおや)

청과물 가게

本屋(ほんや)

서점

ハンバーガーショップ(はんばがしょっぷ)

햄버거 판매점

コンビニ(こんびに)

편의점

服屋(ふくや)

옷가게

カフェ(かふぇ)

카페

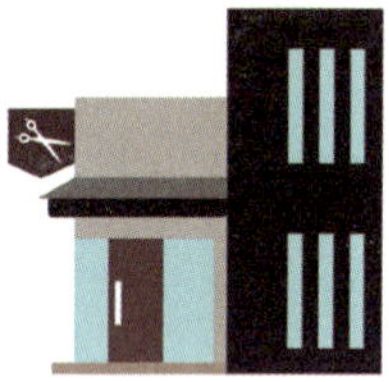

美容院(びようい ん)

미용실

100円ショップ(えんしょっぷ)

100엔 숍

ラーメン屋(らめんや)

라면 가게

動物病院(どうぶつびょういん)

동물병원

パン屋(ぱんや)

빵집

薬屋(くすりや)

약국

적을 소 **少**

음독 しょう 훈독 **すく**ない・**ちい**さい

例 少々(しょうしょう) 잠시

손 수 **手**

음독 しゅ・ず 훈독 て

例 話(しゅわ) 수화 上手(じょうず) 능숙함

낮 오 **午**

음독 ご 훈독 없음

例 午後(ごご) 오후 午前(ごぜん) 오전

벗 우 **友**

음독 ゆう 훈독 とも

例 友人(ゆうじん) 친구 友達(ともだち) 친구

달 월 **月**

음독 げつ・がつ 훈독 つき

例 歳月(さいげつ) 세월 三日月(みかづき) 초승달

제5과

たまねぎ 5つ ください。

군군일본어

제5과 | たまねぎ 5つ ください。

학습 포인트

- 요일
- 고유수사
- ～で
- ください
- ～と
- いくら
- 숫자 읽기 2

Conversation

水野　今日(きょう) この 八百屋(やおや)、セール(せる)の日(ひ)ですね。

金　そうです。水曜日(すいようび)が セールの日です。

水野　たまねぎが 五(いつ)つで １２０円(えん)。

金　トマト(とまと)は 一(ひと)つ ５０円。

水野　メロン(めろん)が １０８０円で、ももが 一つ ３００円ですね。

金　すいません。メロン一つと もも 二つ、それから トマト 二(ふた)つ

と たまねぎ 五つ ください。いくらですか。

店員(てんいん)　はい、ありがとうございます。全部(ぜんぶ)で １９００円です。

단어

今日(きょう) 오늘　**八百屋(やおや)** 청과물 가게　**セール**(せる) 세일　**日(ひ)** 날

水曜日(すいようび) 수요일　**たまねぎ** 양파　**五(いつつ)つ** 다섯 개　**トマト**(とまと) 토마토

一(ひと)つ 한 개　**メロン**(めろん) 멜론　**もも** 복숭아　**それから** 그리고　**～と** ～와/과

ください 주세요　**いくら** 얼마　**全部(ぜんぶ)で** 전부해서～

Grammar

1 ～ですね　～군요 / ～네요(동의)

今日から 夏休(なつやす)みですね。

今日は ハンバーグ(はんばぐ)弁当(べんとう)が ２５０円ですね。

2 때를 나타내는 말 익히기 3

요일 익히기

月曜日	火曜日	水曜日	木曜日
げつようび	かようび	すいようび	もくようび
월요일	화요일	수요일	목요일
金曜日	土曜日	日曜日	何曜日
きんようび	どようび	にちようび	なんようび
금요일	토요일	일요일	무슨 요일

고유수사

一つ	二つ	三つ	四つ	五つ
ひとつ	ふたつ	みっつ	よっつ	いつつ
하나, 한 개	둘, 두 개	셋, 세 개	넷, 네 개	다섯, 다섯 개
六つ	七つ	八つ	九つ	十
むっつ	ななつ	やっつ	ここのつ	とお
여섯, 여섯 개	일곱, 일곱 개	여덟, 여덟 개	아홉, 아홉 개	열, 열 개
いくつ				
몇 개				

주의 어린 아이가 사용할 때에는 나이를 가리키는 데 쓸 수 있으며, 나이를 물어볼 때에는 いくつ로 물어본다.

단어

夏休(なすやす)み 여름방학, 여름휴가　**ハンバーグ(はんばぐ)弁当(べんとう)** 햄버그 도시락

Grammar

3 ～で　～에 / ～해서

全部（ぜんぶ）で ５０００ウォン（うぉん）です。

この オレンジ（おれんじ）は ５つで ３０００ウォンです。

これと これで ７０００円です。

4 ～で　～이고

これは 鉛筆（えんぴつ）で、これは ボールペン（ぼるぺん）です。

金さんは 先生で、朴（パク）さんは 学生です。

昨日（きのう）は 月曜日で、明日（あした）は 水曜日です。

5 ください　주세요

すいません。おひや、ください。

みそラーメン（らめん）を ください。

チョコケーキ（ちょこけきふた）二つ ください。

6 ～と　～와/과

これと これ ください。

チーズバーガー（ちずばが）と テリヤキバーガー（てりやきばが） ください。

この かばんと あの バッグ（ばっぐ） ください。

7 いくら　얼마

この ラーメン(らめん)は いくらですか。

日本の カット代(かっとだい)は いくらぐらいですか。

すみません。全部(ぜんぶ)で いくらですか。

8 숫자 읽기 2

1000～10000

1000	2000	3000	4000	5000
せん	にせん	さんぜん	よんせん	ごせん
6000	7000	8000	9000	10000
ろくせん	ななせん	はっせん	きゅうせん	いちまん

10000～

10000	20000	30000	40000	50000
いちまん	にまん	さんまん	よんまん	ごまん
60000	70000	80000	90000	10万(まん)
ろくまん	ななまん	はちまん	きゅうまん	じゅうまん
100万(まん)	1000万(まん)			
ひゃくまん	(いっ)せんまん			

단어

鉛筆(えんぴつ) 연필　**おひや** 냉수　**みそラーメン(らめん)** 된장 라면　**チョコケーキ(ちょこけき)** 초코 케이크
チーズバーガー(ちずばが) 치즈 버거　**テリヤキバーガー(てりやきばが)** 데리야키 버거　**バッグ(ばっぐ)** 가방
カット代(かっと)(だい) (머리)커트 비용

Let's write

1. 내일은 무슨 요일입니까?

2. 무슨 요일이 세일하는 날입니까?

3. 매주 토요일이 세일하는 날입니다.

4. 만 원에 토마토 몇 개입니까?

5. 세 개에 1500원입니다.

6. 오렌지는 4개에 2000원입니다.

7. 다나카 씨는 일본인이고 의사입니다.

8. 김 씨는 한국인이고 리 씨는 중국인입니다.

9. 이 토마토와 저 멜론을 주세요.

10. 아이스커피와 치즈 케이크 2개 주세요.

Let's talk

 たまねぎ(5つ)[いつ] 양파 3500ウォン[うぉん]	 にんじん(2つ)[ふた] 당근 1100ウォン	 じゃがいも(6つ)[むっ] 감자 3200ウォン
 さつまいも(7つ)[なな] 고구마 4300ウォン	 キャベツ[きゃべつ] 양배추 2500ウォン	 レタス[れたす] 양상추 2100ウォン

다음 물음에 일본어로 대답해 봅시다.

1. たまねぎと レタス ください。いくらですか。

2. にんじんと キャベツ ください。いくらですか。

3. レタスと さつまいも ください。いくらですか。

Let's talk

4. キャベツと たまねぎ ください。いくらですか。

5. たまねぎ 5つと キャベツ 2つ ください。いくらですか。

6. にんじん 4つと レタス 2つ ください。いくらですか。

7. さつまいも 7つと じゃがいも 6つと キャベツ ください。いくらですか。

8. にんじん 6つと レタス 3つ ください。いくらですか。

9. たまねぎ 5つと キャベツ 3つと じゃがいも 6つ ください。いくらですか。

10. レタス 2つと キャベツ 3つと さつまいも 7つ ください。いくらですか。

여러 가지 전자 제품

 せんぷうき 扇風機 선풍기	 たぶれっと タブレットPC 태블릿PC	 えあこん エアコン 에어컨
 こんぴゅた コンピューター 컴퓨터	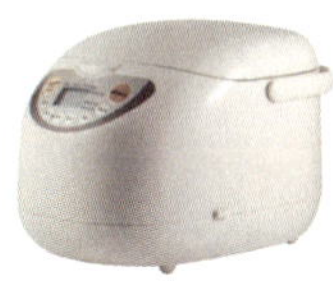 でんきすいはんき 電気炊飯器 전기밥솥	 れいぞうこ 冷蔵庫 냉장고
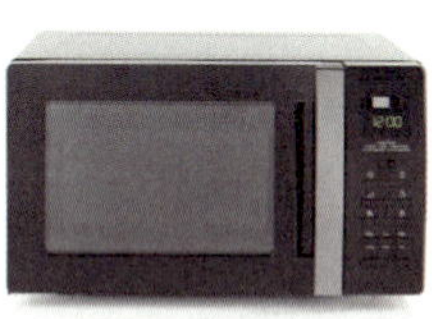 でんしれんじ 電子レンジ 전자레인지	 そうじき 掃除機 청소기	 すたんど スタンド 스탠드
 こひめか コーヒーメーカー 커피메이커	 すとぶ ストーブ 난로	 ぷりんた プリンター 프린터

한자 공부

가운데 중 **中**

음독 ちゅう　훈독 なか

例 中間(ちゅうかん) 중간　真(ま)ん中(なか) 한가운데

하늘 천 **天**

음독 てん　훈독 あま

例 天気(てんき) 날씨　天(あま)の川(がわ) 은하수

불 화 **火**

음독 か　훈독 ひ

例 火事(かじ) 화재　火(ひ)の用心(ようじん) 불조심

옛 고 **古**

음독 こ　훈독 **ふる**い

例 古都(こと) 옛 도읍　古株(ふるかぶ) 고참

설 립 **立**

음독 りつ　훈독 **た**つ

例 設立(せつりつ) 설립　立場(たちば) 입장

제6과

水野(みずの)さんは何月(なんがつ)生(う)まれですか。

군군일본어

제6과 | 水野(みずの)さんは 何月(なんがつ)生(う)まれですか。

학습 포인트 何月何日
何才
~生まれ
~けど

Conversation

水野 金さん、今年(ことし)は 何年(なんねん)ですか。

金 今年は 2018年(ねん)です。

水野 じゃ、僕(ぼく)は 今年 ２８才(にじゅうはっさい)。

金 水野さんは 何月生(なんがつう)まれですか。

水野 僕(ぼく)は 5月(がつ)生まれです。

金さんの お誕生日(たんじょうび)は いつですか。

金 私の 誕生日は 5月10日(とおか)です。

水野 え？僕も 10日ですけど。

단어

今年(ことし) 올해 **何年(なんねん)** 몇 년 **じゃ** 그럼 **~才(さい)** ~살(~세, 나이)
何月(なんがつ) 몇 월 **~生(う)まれ** ~생 **~けど** ~인데, ~지만
お誕生日(たんじょうび) 생신 **いつ** 언제 **10日(とおか)** 10일

Grammar

1 연

一昨年	去年/昨年	今年	来年	再来年
おととし	きょねん/ さくねん	ことし	らいねん	さらいねん
재작년	작년	금년	내년	내후년

2 월

1月	2月	3月	4月	5月	6月
いちがつ	にがつ	さんがつ	しがつ	ごがつ	ろくがつ
7月	8月	9月	10月	11月	12月
しちがつ	はちがつ	くがつ	じゅうがつ	じゅういちがつ	じゅうにがつ
何月					
なんがつ					

3 일

1日 ついたち	2日 ふつか	3日 みっか	4日 よっか	5日 いつか	6日 むいか	7日 なのか
8日 ようか	9日 ここのか	10日 とおか	11日 じゅういちにち	12日 じゅうににち	13日 じゅうさんにち	14日 じゅうよっか
15日 じゅうごにち	16日 じゅうろくにち	17日 じゅうしちにち	18日 じゅうはちにち	19日 じゅうくにち	20日 はつか	21日 にじゅういちにち
22日 にじゅうににち	23日 にじゅうさんにち	24日 にじゅうよっか	25日 にじゅうごにち	26日 にじゅうろくにち	27日 にじゅうしちにち	28日 にじゅうはちにち
29日 にじゅうくにち	30日 さんじゅうにち	31日 さんじゅういちにち	何日 なんにち			

Grammar

4 나이

1才	2才	3才	4才	5才
いっさい	にさい	さんさい	よんさい	ごさい
6才	7才	8才	9才	10才
ろくさい	ななさい	はちさい	きゅうさい	じゅっさい

주의 스무 살은 はたち로 발음한다.

私は 今年(ことし) 30才です。

私は 今年 30です。

5 何月(なんがつ)生(う)まれですか。 몇 월생입니까?

金さんは 何年(なんねん)生(う)まれですか。

私は 1981年生まれです。

彼は 10月生まれです。

彼女は 東京(とうきょう)生まれです。

6 ~けど ~인데 / ~지만

金さんは 韓国人ですけど、スミス(すみす)さんは イギリス(いぎりす)人です。

これは 魚(さかな)ですけど、あれは 魚じゃ ありません。

あの 店(みせ)の ピザ(ぴざ)は 1000円ですけど、この 店は 750円です。

단어

魚(さかな) 물고기, 생선 **店(みせ)** 가게

Let's write

1. 내년은 몇 년입니까?

2. 내년은 20＊＊년입니다.

3. 다나카 씨는 올해 스물다섯 살입니다.

4. 선생님의 생신은 1월 28일입니다.

5. 내일은 20일 수요일입니다.

6. 크리스마스는 12월 25일입니다.

7. 저는 대학생이지만, 그녀는 회사원입니다.

8. 아르바이트는 5일부터 10일까지입니다.

9. 김 씨는 7월생이고 이 씨는 12월생입니다.

10. 한국의 여름방학은 7월부터이지만, 일본의 여름방학은 8월부터입니다.

Let's talk

 ホン 1965.2.4 ソウル 서울	 すずき 1976.6.1 あおもり 아오모리	 さとう 1988.9.3 ふくおか 후쿠오카	 リ 1990.4.4 プサン 부산
 ジョン 1987.3.5 ニューヨーク 뉴욕	 ヤン 1981.8.19 テグ 대구	 たかはし 1995.5.16 おおさか 오사카	 ロバート 1992.7.9 シカゴ 시카고

다음 물음에 일본어로 대답해 봅시다.

1. ホンさんは 何年生まれですか。

2. すずきさんは どこ生まれですか。

3. さとうさんは 何月生まれですか。

4. ジョン(じょん)さんは 何年生まれですか。

5. ロバート(ろばと)さんの お誕生日(おたんじょうび)は いつですか。

6. たかはしさんは どこ生まれですか。

7. リ(り)さんの お誕生日は いつですか。

8. ヤン(やん)さんは どこ生まれですか。

9. たかはしさんの お誕生日は いつですか。

10. すずきさんの お誕生日は いつですか。

일본의 여러 가지 날

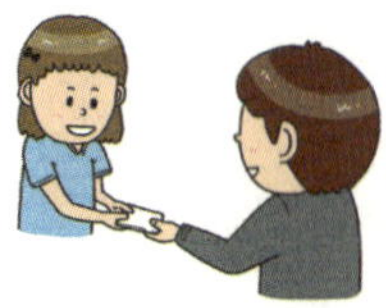 正月(しょうがつ) 1월 1일(휴일) 신정	 成人(せいじん)の日(ひ) 1월 둘째 주 월요일(휴일) 성인의 날	 バレンタインデー(ばれんたいんで) 2월 14일 발렌타인데이
 エイプリルフール(えいぷりるふる) 4월 1일 만우절	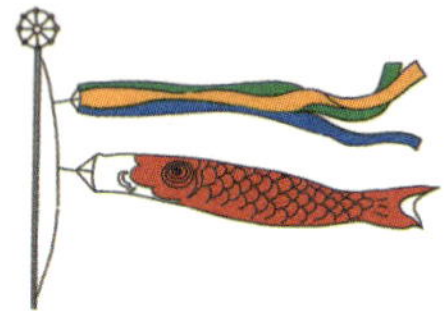 子供(こども)の日(ひ) 5월 5일(휴일) 어린이날	 母(はは)の日(ひ) 5월 둘째 주 일요일 어머니의 날
 父(ちち)の日(ひ) 6월 셋째 주 일요일 아버지의 날	 海(うみ)の日(ひ) 7월 20일(휴일) 바다의 날	 山(やま)の日(ひ) 8월 11일 산의 날
 お盆休(ぼんやす)み 양력 8월 15일 안팎 일본식 추석 연휴	 敬老(けいろう)の日(ひ) 9월 셋째 주 월요일 경로의 날	 体育(たいいく)の日(ひ) 10월 10일(휴일) 체육의 날

한자 공부

어미 모 **母**

음독 ぼ　훈독 はは

例 父母(ふぼ) 부모　母親(ははおや) 모친

눈 목 **目**

음독 もく・ぼく　훈독 め

例 注目(ちゅうもく) 옛 도읍　目薬(めぐすり) 안약

반 반 **半**

음독 はん　훈독 **なか**ば

例 半分(はんぶん) 절반　2月半(にがつなか)ば 2월 중순

흰 백 **白**

음독 はく・びゃく　훈독 しろ

例 白米(はくまい) 백미　白黒(しろくろ) 흑백

북녘 북 **北**

음독 ほく　훈독 きた

例 南北(なんぼく) 남북　北側(きたがわ) 북측

제7과

今日(きょう)は とても 暑(あつ)いですね。

군군일본어

제7과 | 今日は とても 暑いですね。

학습 포인트 い형용사
(긍정형, 부정형, 명사수식형, 연결형)
～より
～から
～でも どうですか
～時
～が 一番

Conversation

金 水野さん、今日は とても 暑いですね。

水野 そうですね。昨日より 気温が ５度 高いです。

金 毎日 暑いですから コンディションも よくないです。

水野 それじゃ アイスコーヒーでも どうですか。

金 そうですね。じゃ、いただきます。

(커피를 마신 뒤에)

金 あ～、冷たくて とても おいしいですね。

水野 暑い 時は 冷たい ものが 一番ですね。

단어

とても 매우, 아주 **暑(あつ)い** 덥다 **気温(きおん)** 기온 **５度(ど)** 5도 **高(たか)い** 높다
毎日(まいにち) 매일 **～から** ～이/하기 때문에 **コンディション** 컨디션
よくない 좋지 않다 **それじゃ** 그러면 **～でも** ～라도 **どうですか** 어떻습니까
冷(つめ)たい 차갑다 **～て** ～고 **おいしい** 맛있다 **時(とき)** 때 **もの** 것, 물건
一番(いちばん) 제일

Grammar

1 い형용사

① 긍정형(~い+です)

この ラーメン(らめん)は とても おいしいです。

今日(きょう)は とても 寒(さむ)いです。

日本語(にほんご)は むずかしいです。

② 부정형(~い → く+ありません(ないです))

この ラーメンは おいしく ありません。

今日は 寒く ありません。

日本語は むずかしく ないです。

③ 명사수식형(~い+명사)

その 赤(あか)い バッグ(ばっぐ) ください

辛(から)い トッポッキ(とっぽっき) おねがいします。

辛くない トッポッキ ください。

④ 연결형(~い → くて)　~해서 / ~하고

この みかんは 甘(あま)くて おいしいです。

この すいかは 大(おお)きくて 甘いです。

●● 단어

おいしい 맛있다　**寒(さむ)い** 춥다　**日本語(にほんご)** 일본어　**むずかしい** 어렵다
赤(あか)い 빨갛다　**辛(から)い** 맵다　**トッポッキ(とっぽっき)** 떡볶이　**甘(あま)い** 달다　**すいか** 수박

ローパー(ろぱ)さんは 背(せ)が 高(たか)くて 美(うつく)しいです。

주의 いい(좋다)의 경우 부정형과 연결형에 조심해야 한다.

私は 目(め)が よくないです。

彼は 目も よくて 耳(みみ)も いいです。

2 ～より ～보다

日本語は 英語(えいご)より おもしろいです。

彼女は 私より 背(せ)が 高いです。

ソウル(そうる)は 釜山(ぷさん)よりも 人口(じんこう)が 多(おお)いです。

3 ～度 온도

今日の 東京は ３８度(ど)です。

ソウルは 今日 マイナス(まいなす)１２度です。

私の 体温(たいおん)は ３６度です。

단어

目(め) 눈 **いい** 좋다 **耳(みみ)** 귀 **ソウル(そうる)** 서울 **おもしろい** 재미있다
背(せ)が高(かた)い 키가 크다 **人口(じんこう)** 인구 **多(おお)い** 많다 **マイナス(まいなす)** 마이너스
体温(たいおん) 체온

4 때를 나타내는 말 익히기 4

毎(매)자가 들어가는 말

毎日	毎週	毎月	毎年
まいにち	まいしゅう	まいつき	まいとし
매일	매주	매월	매년

5 ～から　～이/하니까 (원인, 이유)

これ、おいしいですから 一(ひと)つ どうぞ。

今日は とても 寒いですから 暖(あたた)かいコ(こ)ーヒ(ひ)ー どうぞ。

熱(あつ)いから 気(き)を つけて。

6 ～でも どうですか　～라도 어때요?

今日の 昼(ひる)は おすしでも どうですか。

今(いま)から ビ(び)ール(る)でも どうですか。

3時ですから お茶(ちゃ)でも どうですか。

단어

暖(あたた)かい 따뜻하다　**熱(あつ)い** 뜨겁다　**気(き)をつけて** 조심해　**おすし** 초밥
冷(つめ)たい 차갑다　**ビ(び)ール(る)** 맥주　**お茶(ちゃ)** 차

Grammar

7 ～時(とき)　～할 때 / ～일 때

これは 私が 学生(がくせい)の **時**の 写真(しゃしん)です。

だれでも 小(ちい)さい**時**は かわいいです。

8 ～が 一番(いちばん)です　～이/가 제일(최고)이다

寒(さむ)い 時は 辛(から)い ラーメン(らめん)**が 一番**です。

健康(けんこう)**が 一番**です。

꼭 외워야 할 い형용사

大(おお)きい 크다 ↔ 小(ちい)さい 작다
強(つよ)い 강하다 ↔ 弱(よわ)い 약하다
新(あたら)しい 새롭다 ↔ 古(ふる)い 오래되다
調子(ちょうし)がいい 상태가 좋다 ↔ 調子(ちょうし)が悪(わる)い 상태가 나쁘다
いい 좋다 ↔ 悪(わる)い 나쁘다
気分(きぶん)がいい 기분이 좋다 ↔ 気分(きぶん)が悪(わる)い 기분이 나쁘다
暑(あつ)い 덥다 ↔ 寒(さむ)い 춥다
太(ふと)い 굵다 ↔ 細(ほそ)い 가늘다
熱(あつ)い 뜨겁다 ↔ 冷(つめ)たい 차갑다
かたい 딱딱하다 ↔ やわらかい 부드럽다
難(むずか)しい 어렵다 ↔ 易(やさ)しい 쉽다
嬉(うれ)しい 기쁘다 ↔ 悲(かな)しい 슬프다
高(たか)い 비싸다 ↔ 安(やす)い 싸다
厚(あつ)い 두껍다 ↔ 薄(うす)い 얇다

단어

写真(しゃしん) 사진　**だれでも** 누구라도　**小(ちい)さい** 작다, 어리다　**かわいい** 귀엽다
辛(から)い 맵다　**健康(けんこう)** 건강

高(たか)い 높다 ↔ 低(ひく)い 낮다

濃(こ)い 진하다 ↔ 薄(うす)い 연하다

面白(おもしろ)い 재미있다 ↔ つまらない 재미없다, 시시하다

背(せ)が高(たか)い 키가 크다 ↔ 背(せ)が低(ひく)い 키가 작다

おいしい 맛있다 ↔ まずい 맛없다

明(あか)るい 밝다 ↔ 暗(くら)い 어둡다

近(ちか)い 가깝다 ↔ 遠(とお)い멀다

長(なが)い 길다 ↔ 短(みじか)い 짧다

早(はや)い 이르다・速(はや)い 빠르다 ↔ 遅(おそ)い 느리다

広(ひろ)い 넓다 ↔ 狭(せま)い 좁다

多(おお)い 많다 ↔ 少(すく)ない 적다

重(おも)い 무겁다 ↔ 軽(かる)い 가볍다

暖(あたた)かい따뜻하다 ↔ 涼(すず)しい 시원하다

甘(あま)い 달다 ↔ 辛(から)い 맵다

여러 가지 い형용사

白(しろ)い 하얗다

すごい 대단하다

黒(くろ)い 검다

こわい 무섭다

赤(あか)い 빨갛다

すばらしい 훌륭하다

青(あお)い 파랗다

優(やさ)しい 자상하다, 상냥하다

黄色(きいろ)い 노랗다

偉(えら)い 위대하다

忙(いそが)しい 바쁘다

丸(まる)い 동그랗다

楽(たの)しい 즐겁다

嬉(うれ)しい 기쁘다

ほしい 갖고 싶다

おかしい 이상하다

寂(さび)しい 외롭다

うるさい 시끄럽다

若(わか)い 젊다

苦(にが)い 쓰다

危(あぶ)ない 위험하다

正(ただ)しい 바르다

痛(いた)い 아프다

珍(めずら)しい 진귀하다

眠(ねむ)い 졸리다

ひどい 심하다

恥(は)ずかしい 부끄럽다, 창피하다

おとなしい 얌전하다

かわいい 귀엽다

汚(きたな)い 더럽다

厳(きび)しい 엄하다

美(うつく)しい 아름답다

細(こま)かい 잘다, 자세하다

ない 없다

Let's write

1. 오늘은 덥지 않습니다.

2. 이 가게의 라면은 아주 맛있습니다.

3. 저 가게의 라면은 맛있지 않습니다.

4. 아주 매운 떡볶이가 좋아요.

5. 일본어는 어렵지만 재미있습니다.

6. 동경의 기온은 서울보다 10도 높습니다.

7. 나는 매일 5시부터 아르바이트입니다.

8. 김 씨는 나보다 키가 작습니다.

9. 오늘 일본 라면이라도 어때요?

10. 이것은 내가 고등학생 때의 사진입니다.

Let's talk

 ぞう 코끼리	 ねずみ 쥐	 きりん 기린
 うさぎ 토끼	 かば 하마	 とら 호랑이
 うま 말	 ちんぱんじ チンパンジー 침팬지	 くじら 고래

■ 위에 나온 각 동물의 특징을 い형용사를 사용하여 표현해 봅시다.

1. ぞう 힌트 はな 코

2. ねずみ 힌트 からだ 몸

3. きりん 힌트 くび 목

4. うさぎ 힌트 みみ 귀

5. かば 힌트 くち 입

6. とら

7. うま

8. チンパンジー(ちんぱんじ) 힌트 あたま 머리

9. くじら

여러 가지 동물

 いぬ 개	 ねこ 고양이	 とり 새
 しか 사슴	 ひつじ 양	 やぎ 염소
 うし 소	 さる 원숭이	 へび 뱀
 くま 곰	 ぶた 돼지	 ライオン（らいおん） 사자

날 생

生生生生生生

음독 せい・しょう　훈독 なま・**う**まれる・**は**える

例 学生(がくせい) 학생　一生(いっしょう) 일생

먼저 선

先先先先先先先

음독 せん　훈독 さき

例 先月(せんげつ) 지난 달　先(さき)に) 먼저

귀 이

耳耳耳耳耳耳耳

음독 じ　훈독 みみ

例 耳鼻科(じびか) 이비인후과　耳(みみ)かき 귀이개

갈 행

行行行行行行行

음독 こう・ぎょう　훈독 **いく**・**おこな**う

例 旅行(りょこう) 여행　行(おこな)い 행동, 행위

모일 회

会会会会会会会

음독 かい・え　훈독 **あ**う

例 会議(かいぎ) 회의　出会(であ)い 만남

제8과

私は 読書(どくしょ)が 得意(とくい)じゃないです。

군군일본어

제8과 | 私は 読書が 得意じゃないです。

학습 포인트 な형용사 (긍정형, 부정형, 명사수식형, 연결형) ~が 好きです どんな ~が 得意です ~は ちょっと ~ので

Conversation

金　いつも 東京は とても 人が 多いですね。

水野　そうですね。店が 多くて 便利ですけど、うるさいです。

金　でも 私は ショッピングが 好きですから 大丈夫です。

水野　僕は 人が 多くて うるさい 所は 苦手です。
静かな 所が 好きです。

金　じゃ、どんな 所が 好きですか。図書館？

水野　図書館は ちょっと。僕、読書が 得意じゃ ないので。

단어

いつも 항상　**多(おお)い** 많다　**便利(べんり)** 편리함　**うるさい** 시끄럽다　**でも** 하지만
ショッピング 쇼핑　**~が好(す)き** ~를 좋아하다　**大丈夫(だいじょうぶ)** 괜찮다
所(ところ) 곳　**苦手(にがて)** 딱 질색이다　**静(しず)か** 조용함　**どんな** 어떤
図書館(としょかん) 도서관　**ちょっと** 좀, 조금　**読書(どくしょ)** 독서　**得意(とくい)** 잘하다

Grammar

1 な형용사

① 긍정형(~だ+です)

ソウルの バスは とても 便利です。

私は 肉が 好きです。

この 公園は とてもロマンチックです。

② 부정형(~だ+では(じゃ)ありません(ないです))

山田さんは 元気では ありません。

この 料理は 簡単じゃ ないです。

運動は 得意では ないです。

③ 명사수식형(~だ → な+명사)

彼女は とても 綺麗な 女の人です。

彼は ハンサムな 男の人です。

金さんは まじめな 学生です。

●● 단어

バス 버스　**肉(にく)** 고기　**公園(こうえん)** 공원　**ロマンチック** 낭만적임

料理(りょうり) 요리　**簡単(かんたん)** 간단함　**運動(うんどう)** 운동

得意(とくい) 자신 있고 잘하다　**綺麗(きれい)** 예쁘다　**女(おんな)の人(ひと)** 여자

ハンサム 잘생김, 핸섬(handsome)　**交通(こうつう)** 교통　**男(おとこ)の人(ひと)** 남자

まじめ 성실함

④ 연결형(~だ → で)

李さんは まじめで 親切(しんせつ)な 人です。

この 町(まち)は 交通(こうつう)が 便利(べんり)で にぎやかです。

この 時計(とけい)は 丈夫(じょうぶ)で 安(やす)いです。

주의 특별한 형용사에 同じだ가 있다. 同じだ로 명사를 수식할 경우 同じ+명사가 되며 同じな+명사가 되지 않으므로 조심해야 한다. 예 私と同(おな)じかばん。金さんと同(おな)じ車(くるま)。

2 ~が 好(す)きです　~을/를 좋아합니다

私は さしみが 好きです。

私は 魚(さかな)が 大(だい)好きです。

私は 肉(にく)が 嫌いです。

私は へびが 大(だい)嫌いです。

3 때를 나타내는 말 익히기 5

たまに	ときどき	よく	いつも
간혹	가끔	자주	항상, 언제나

●● 단어

親切(しんせつ) 친절함　**町(まち)** 동네, 마을　**丈夫(じょうぶ)** 튼튼함　**さしみ** 회

好(す)き 좋아함　**大好(だいす)き** 매우 좋아함　**嫌(きら)い** 싫어함　**へび** 뱀

大嫌(だいきら)い 매우 싫어함

4 どんな　어떤

A：どんな 人が 好きですか。

B：まじめな 人が 好きです。

A：金さんは どんな 人ですか。

B：とても やさしい 人です。

5 ～が 得意(とくい)です　～을/를 잘합니다

私は 国語(こくご)が 得意(とくい)です。

私は 数学(すうがく)が 苦手(にがて)です。

彼は テニス(てにす)が 上手(じょうず)です。

彼女は 料理(りょうり)が 下手(へた)です。

6 ～は ちょっと　～은/는 좀…

A：今日(きょう)の 夜(よる)、ビ(び)ール(る)でも どうですか。

B：今日は ちょっと。

●● 단어

国語(こくご) 국어　**得意(とくい)** 자신이 있고 잘하다　**数学(すうがく)** 수학
苦手(にがて) 자신이 없고 못하다　**テニス(てにす)** 테니스　**上手(じょうず)** 잘하다
料理(りょうり) 요리　**下手(へた)** 서툴다

A：明日 映画(えいが)でも どうですか。

B：明日は ちょっと。

7 ～ので　～이/하기 때문에

私は 学生(がくせい)なので お金(かね)が ないです。

薬(くすり)は 苦(にが)いので 嫌(きら)いです。

田中君(たなかくん)は 親切(しんせつ)で まじめなので 好(す)きです。

꼭 외워야 할 な형용사

上手(じょうず)だ 잘하다

下手(へた)だ 못하다, 서툴다

好(す)きだ 좋아하다

嫌(きら)いだ 싫어하다

得意(とくい)だ 자신이 있고 잘하다

苦手(にがて)だ 자신이 없고 서툴다

便利(べんり)だ 편리하다

不便(ふべん)だ 불편하다

簡単(かんたん)だ 간단하다

複雑(ふくざつ)だ 복잡하다

静(しず)かだ 조용하다

すてきだ 멋있다, 멋지다

にぎやかだ 번화하다, 떠들썩하다

いろいろだ 여러 가지

有名(ゆうめい)だ 유명하다

危険(きけん)だ 위험하다

단어

映画(えいが) 영화　**お金(かね)** 돈　**薬(くすり)** 약

親切(しんせつ)だ 친절하다

元気(げんき)だ 건강하다

貧乏(びんぼう)だ 가난하다

大変(たいへん)だ 큰일이다, 힘들다

大切(たいせつ)だ 소중하다, 귀중하다, 중요하다

必要(ひつよう)だ 필요하다

여러 가지 な형용사

暇(ひま)だ 한가하다

無理(むり)だ 무리하다

不思議(ふしぎ)だ 신기하다

まじめだ 성실하다

心配(しんぱい)だ 걱정스럽다

だめだ 안되다

特別(とくべつ)だ 특별하다

変(へん)だ 이상하다

安全(あんぜん)だ 안전하다

退屈(たいくつ)だ 심심하다

新鮮(しんせん)だ 신선하다

大丈夫(だいじょうぶ)だ 괜찮다

丈夫(じょうぶ)だ 튼튼하다

むだだ 쓸데없다

自由(じゆう)だ 자유롭다

熱心(ねっしん)だ 열심이다

十分(じゅうぶん)だ 충분하다

楽(らく)だ 편안하다

幸(しあわ)せだ 행복하다

重要(じゅうよう)だ중요하다

素直(すなお)だ 순진하다, 순수하다

ハンサム(はんさむ)だ 핸섬하다

Let's write

1. 다나카 씨는 아주 유명한 사람입니다.

2. 자동차는 필요하지 않습니다.

3. 나는 여러 가지 라면을 좋아합니다.

4. 이 씨는 우동을 좋아하지 않습니다.

5. 그녀는 컴퓨터를 잘합니다.

6. 스즈키 씨는 아주 친절하고 성실합니다.

7. 어떤 과일을 좋아합니까? 힌트 くだもの 과일

8. 나는 사과와 딸기를 아주 좋아합니다. 힌트 いちご 딸기

9. 나는 사과는 좋아하지만 딸기는 좀…

10. 서울은 편리하지만 시끄러운 곳이 많습니다.

Let's talk

 卓球（たっきゅう） 탁구	 ボウリング（ぼうりんぐ） 볼링	 バドミントン（ばどみんとん） 배드민턴
 サッカー（さっか） 축구	 サイクリング（さいくりんぐ） 사이클	 スキー（すき） 스키
 フィギュア・スケート（ふぃぎゅあ・すけと） 피겨스케이팅	 バレーボール（ばれぼる） 배구	 ゴルフ（ごるふ） 골프

다음 물음에 일본어로 대답해 봅시다.

1. どんな スポーツ（すぽつ）が 得意（とくい）ですか。 **힌트** スポーツ 스포츠

2. どんな スポーツが 好（す）きですか。

Let's talk

3. どんな スポーツが 嫌(きら)いですか。

4. どんな スポーツが 苦手(にがて)ですか。

5. どんな スポーツが 危険(きけん)ですか。

6. どんな スポーツが 安全(あんぜん)ですか。

7. どんな スポーツが すてきですか。

8. 韓国は どんな スポーツが 強(つよ)いですか。 힌트 つよい 강하다

9. どんな スポーツが 大変(たいへん)ですか。

10. どんな スポーツが 簡単(かんたん)ですか。

여러 가지 운동

 やきゅう 野球 야구	 じゅうどう 柔道 유도	 ばすけっとぼ る バスケットボール 농구
 すいえい 水泳 수영	 やまのぼ 山登り 등산	 さんぽ 散歩 산책
 じょぎんぐ ジョギング 조깅	 まらそん マラソン 마라톤	 てにす テニス 테니스
 たいそう 体操 체조	 てこんど テコンドー 태권도	 ふぃっとねす フィットネス 피트니스

한자 공부

쉴 휴 休

음독 きゅう 훈독 **やすむ**

例 休日(きゅうじつ) 휴일, 휴가, 방학

볼 견 見

음독 けん 훈독 **みる**

例 見学(けんがく) 견학 見(み)た目(め) 겉보기

사내 남 男

음독 だん・なん 훈독 おとこ

例 男性(だんせい) 남성 男(おとこ)の子(こ) 남자 아이

올 래 来

음독 らい 훈독 **くる**

例 来月(らいげつ) 다음 달 来客(らいきゃく) 내객

말씀 언 言

음독 げん・ごん 훈독 **いう**

例 言語(げんご) 언어 言(い)い訳(わけ) 핑계

제9과

人(ひと)が あまり 多(おお)くなかったですね。

군군일본어

제9과 | 人(ひと)が あまり 多(おお)くなかったですね。

학습 포인트 ●● 명사의 과거형(과거 부정형)
い・な형용사의 과거형(과거 부정형)
でも
あまり＋부정형

Conversation

金 水野さん、今日(きょう)の 映画(えいが)は 本当(ほんとう)に おもしろかったですね。

水野 久(ひさ)しぶりに 楽(たの)しい 時間(じかん)でした。映画館(えいがかん)の いすも 新(あたら)しくて とても 楽(らく)でしたね。

金 でも 人が あまり 多(おお)く なかったですね。

水野 だから 静(しず)かで よかったです。

金 それも そうですね。

●● 단어

本当(ほんとう)に 정말 **～かった** ～었다 **久(ひさ)しぶりに** 오랜만에
楽(たの)しい 즐겁다 **時間(じかん)** 시간 **映画館(えいがかん)** 영화관 **いす** 의자
新(あたら)しい 새롭다 **楽(らく)** 편안함 **でも** 하지만 **人(ひと)** 사람
～くなかった ～지 않았다 **だから** 그래서, 그러니까 **よかった** 좋았다

Grammar

1 명사＋でした　～었습니다
명사＋では(じゃ)ありませんでした(なかったです)　～이 아니었습니다

彼女(かのじょ)は ホン(ほん)さんの 友達(ともだち)でした。

昨日(きのう)は いい 天気(てんき)でした。

金さんは まじめな 学生(がくせい)でした。

彼女は ホンさんの 友達では ありませんでした。

昨日は いい 天気じゃ ありませんでした。

金さんは まじめな 学生じゃ なかったです。

2 な형용사 だ＋でした　～었습니다
な형용사 だ＋では(じゃ)ありませんでした(なかったです)　～지 않았습니다

昨日(きのう)は 暇(ひま)でした。

彼女の ドレス(どれす)は とても すてきでした。

夜(よる)の 新宿(しんじゅく)は とても にぎやかでした。

●● 단어

友達(ともだち) 친구　**天気(てんき)** 날씨　**新宿(しんじゅく)** 신주쿠(지명)　**ドレス(どれす)** 드레스

昨日は 暇では ありませんでした。

彼女の ドレスは すてきじゃ ありませんでした。

夜の 新宿は にぎやかじゃ なかったです。

3 い형용사 ~~い~~+かったです　~었습니다
い형용사 ~~い~~+くありませんでした(~くなかったです)　~지 않았습니다

彼女の 料理は とても おいしかったです。

今日は 運が よかったです。

昨日は とても あたたかかったです。

彼女の 料理は おいしく ありませんでした。

今日は 운が よく ありませんでした。

昨日は あたたかく なかったです。

4 でも　하지만

英語は むずかしいです。でも、日本語は むずかしく ありません。

昨日は 寒かったです。でも、今日は あたたかいです。

단어

料理(りょうり) 요리　**運(うん)** 운　**あたたかい** 따뜻하다

李さんは 昔(むかし) まじめじゃ ありませんでした。でも、今(いま)は とても まじめです。

5 あまり＋부정형　그다지 ~지 않다

今日(きょう)は あまり いい 天気(てんき)じゃ ありません。

この りんごは あまり 甘(あま)く ないです。

鈴木(すずき)さんは あまり 英語が 上手(じょうず)では ありません。

6 때를 나타내는 말 익히기 6

昔(むかし)	最近(さいきん)	このごろ	さっき
옛날	최근	요즘	아까, 조금 전

Let's write

1. 어제는 15일이었습니다.

2. 오늘은 수요일이 아니었습니다.

3. 저 중국 유학생은 아주 건강했습니다.

4. 일본어는 그다지 어렵지 않았습니다.

5. 그 영화는 아주 무서웠습니다.

6. 히라가나는 그다지 복잡하지 않았습니다.

7. 요즘 매우 시원합니다.

8. 요즘 대학생은 영어를 아주 잘합니다.

9. 나는 고등학생 때 영어를 그다지 잘하지 못했습니다.

10. 어제는 그다지 날씨가 좋지 않았습니다.

Let's talk

■ **다음 물음에 일본어로 대답해 봅시다.**

1. おすしは おいしかったですか。

2. 動物園(どうぶつえん)は こわかったですか。 **힌트** どうぶつえん 동물원

3. 昨日(きのう)は 暇(ひま)でしたか。

4. 今日(きょう)は 暑(あつ)かったですか。

Let's talk

5. りんごは 赤(あか)かったですか。

6. 海(うみ)は 安全(あんぜん)でしたか。 힌트 うみ 바다

7. 図書館(としょかん)は 静(しず)かでしたか。

8. その 部屋(へや)は 便利(べんり)でしたか。

9. 今日(きょう)は あたたかかったですか。

10. トッポッキ(とっぽっき)は 辛(つら)くなかったですか。

11. ピザ(ぴざ)は 小(ち)さくなかったですか。

12. 運動(うんどう)は 得意(とくい)でしたか。

여러 가지 취미

ダンス (だんす)

댄스

スポーツ (すぽーつ)

스포츠

釣り (つ)

낚시

読書 (どくしょ)

독서

ドライブ (どらいぶ)

드라이브

ショッピング (しょっぴんぐ)

쇼핑

英会話 (えいかいわ)

영어 회화

温泉 (おんせん)

온천

ビリヤード (びりやーど)

당구

書道 (しょどう)

서예

ヨガ (よが)

요가

旅行 (りょこう)

여행

한자 공부

발 족 **足**

음독 そく・ぞく 훈독 あし

例 満足(まんぞく) 만족 手足(てあし) 손발

어찌 하 **何**

음독 か 훈독 なに・なん

例 運河(うんが) 운하 何人(なんにん) 몇 명

꽃 화 **花**

음독 か 훈독 はな

例 花(か)びん 꽃병 花火(はなび) 불꽃놀이

빌 공 **空**

음독 くう 훈독 そら・**あ**く・から

例 空間(くうかん) 공간 青空(あおぞら) 파란 하늘

바깥 외 **外**

음독 がい・げ 훈독 そと・**はず**す

例 外国(がいこく) 외국 海外(かいがい) 해외

제10과

魚(さかな)と 肉(にく)と どちらが 好(す)きですか。

군군일본어

제10과 | 魚(さかな)と 肉(にく)と どちらが 好(す)きですか。

학습 포인트 ~と~と どちらが
~より~の 方が
~の 中で
~で
今度

Conversation

水野 金さんは 魚(さかな)と 肉(にく)と どちらが 好(す)きですか。

金 私は 魚(さかな)の 方(ほう)が 好きです。

水野 では、焼(や)き魚(ざかな)と おさしみと どちらが もっと 好きですか。

金 うーん、そうですね。どちらも 好きですけど、やっぱり さしみの 方が もっと 好きです。水野さんは どうですか。

水野 僕は 魚より 肉の 方が 好きです。

金 では、肉の 中で 何(なに)が 一番(いちばん) 好きですか。

水野 肉の 中(なか)では 牛肉(ぎゅうにく)が 一番 好きです。

金 じゃ、今度(こんど)の 土曜日、焼肉(やきにく)でも どうですか。

水野 いいですね。

Grammar

1 ～と ～と どちらが　～과 ～은/는 어느 쪽이
～より ～の 方が　～보다 ～쪽이

A：英語(えいご)と 日本語(にほんご)と どちらが 難(むずか)しいですか。

B：日本語より 英語の 方が ずっと 難しいです。

A：釜山(ぶさん)と テグ(てぐ)と どちらが 人口(じんこう)が 多(おお)いですか。

B：釜山の 方が テグより 人口が もっと 多いです。

A：金さんと 李さんと どちらが 背(せ)が 高(たか)いですか。

B：李さんの 方が 少(すこ)し 高いです。

A：たこ焼(や)きと お好(この)み焼(や)きと どちらが おいしいですか。

B：どちらも おいしいですよ。

●● 단어

魚(さかな) 생선, 물고기　**肉(にく)** 고기　**どちら** 어느 쪽　**～の方(ほう)** ～쪽
では 그럼　**焼(や)き魚(ざかな)** 구운 생선　**おさしみ** 회　**もっと** 더　**やっぱり** 역시
どうですか 어때요?　**～より** ～보다　**～の中(なか)で** ～중에서
一番(いちばん) 제일, 가장　**今度(こんど)** 이번　**焼肉(やきにく)** 불고기　**英語(えいご)** 영어
日本語(にほんご) 일본어　**ずっと** 훨씬　**難(むずか)しい** 어렵다　**人口(じんこう)** 인구
多(おお)い 많다　**背(せ)が高(たか)い** 키가 크다　**少(すこ)し** 조금　**たこ焼(や)き** 타코야끼
お好(この)み焼(や)き 오코노미야끼

2 どうですか　어떻습니까?

A：お茶、どうですか。

B：はい、いただきます。

A：日本語の 勉強(べんきょう)は どうですか。

B：とても 楽(たの)しいです。

A：昨日の 映画は どうでしたか。

B：あまり おもしろく なかったです。

A：テスト(てすと)は どうでしたか。

B：だめでした。

3 ～の 中(なか)で一番　～중에서 제일

A：韓国の 山(やま)の 中(なか)で どの 山(やま)が 一番(いちばん) 高(たか)いですか。

B：ハンラ山(はんらさん)が 一番 高いです。

A：果物(くだもの)の 中で 何(なに)が 一番 好きですか。

B：ぶどうが 一番 好きです。

●● 단어

勉強(べんきょう) 공부　**楽(たの)しい** 즐겁다　**山(やま)** 산　**～山(さん)** ～산
果物(くだもの) 과일　**ぶどう** 포도

A：パンダと ねこと ねずみの 中で どれが 一番 かわいいですか。

B：ねこが 一番 かわいいです。

4 ～で　～에서 (장소)

ソウルでは インサ洞が 一番 にぎやかです。

日本で 一番 高い 山は 富士山です。

私の クラスで 一番 背が 高い 人は 朴さんです。

5 今度　이번 / 다음 번

A：今度の 出張は 何日から 何日までですか。

B：12日から 15日までです。

A：一緒に 映画でも どうですか。

B：すいません。また 今度。

외워 두면 편리한 표현

前回	今回	次	この次
지난번	이번	다음	이다음

단어

パンダ 판다　**ねこ** 고양이　**ねずみ** 쥐　**かわいい** 귀엽다

富士山(ふじさん) 후지산(3776m)　**クラス** 반(학급)　**出張(しゅっちょう)** 출장

一緒(いっしょ)に 같이　**また** 또

Let's write

1. 동경과 오사카 중에서 어느 쪽이 인구가 많습니까?

2. 동경이 오사카보다 훨씬 인구가 많습니다.

3. 서울과 대전 중에서 어느 쪽이 더 춥습니까?

4. 서울이 대전보다 더 춥습니다.

5. 저 가게의 떡볶이는 어땠습니까?

6. 그다지 맛있지 않았습니다.

7. 일본 중에서 어디가 제일 따뜻합니까?

8. 오키나와가 제일 따뜻합니다.

9. 김 씨 반에서 누가 제일 테니스를 잘합니까?

10. 이 씨가 제일 테니스를 잘합니다.

Let's talk

メニュー

<table>
<tr>
<td>
サムゲタン(さむげたん)
삼계탕
18000ウォン</td>
<td>
海鮮鍋(かいせんなべ)
해물탕
30000ウォン</td>
<td>
スンデ(すんで)
순대
5000ウォン</td>
<td>
カルビタン(かるびたん)
갈비탕
8000ウォン</td>
</tr>
<tr>
<td>
ハンバーガー(はんばーがー)
햄버거
3000ウォン</td>
<td>
キムチチゲ(きむちちげ)
김치찌개
5000ウォン</td>
<td>
ピザ(ぴざ)
피자
35000ウォン</td>
<td>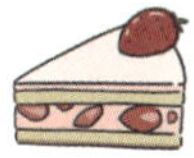
ショートケーキ(しょーとけーき)
조각 케이크
5000ウォン</td>
</tr>
<tr>
<td>
チャンポン(ちゃんぽん)
짬뽕
6000ウォン</td>
<td>
酢豚(すぶた)
탕수육
20000ウォン</td>
<td>
いなりずし
유부초밥
4500ウォン</td>
<td>
チュンムキンパプ(ちゅんむきんぱぷ)
충무김밥
4000ウォン</td>
</tr>
</table>

■ **다음 물음에 일본어로 대답해 봅시다.**

1. この メニュー(めにゅー)の 中(なか)で 何(なに)が 一番(いちばん) 好(す)きですか。

2. サムゲタン(さむげたん)と カルビタン(かるびたん)と どちらが 好きですか。

Let's talk

3. この メニューの 中で 何が 一番 辛(から)いですか。

4. この メニューの 中で 何が 一番 安(やす)いですか。

5. ハンバーガー(はんばーがー)と ピザ(ぴざ)と どちらが 好きですか。

6. この メニューの 中で 辛(つら)くない メニューは 何ですか。

7. この メニューの 中で 何が 一番 高(たか)いですか。

8. この メニューの 中で 何が 一番 甘(あま)いですか。

9. この メニューの 中で 韓国の 料理(りょうり)は 何ですか。

10. あなたの クラス(くらす)の 人は この メニューの 中(なか)で 何(なに)が 好きですか。

여러 가지 일본 음식

たこ焼き
타코야끼

お好み焼き
오코노미야끼

ざるそば
메밀 국수

うどん
우동

のり巻き
김초밥

てんぷら
덴푸라

おでん
오뎅

お雑煮
오조니(일본식 떡국)

冷奴
냉두부

にぎり寿司
초밥

牛丼
규동(소고기 덮밥)

うなぎ丼
장어덮밥

나라 국 国 国 国 国 国 国 国 国 国

음독 こく・ごく 훈독 くに

例 天国(てんごく) 천국 国家(こっか) 국가

쇠 금 金 金 金 金 金 金 金 金 金

음독 きん 훈독 かね・かな

例 金星(きんせい) 금성 金物(かなもの) 철물

동녘 동 東 東 東 東 東 東 東 東 東

음독 とう 훈독 ひがし

例 東南(とうなん) 동남 東西(とうざい) 동서

비 우 雨 雨 雨 雨 雨 雨 雨 雨 雨

음독 う 훈독 あめ・あま

例 雨天(うてん) 우천 雨水(あまみず) 빗물

길 장 長 長 長 長 長 長 長 長 長

음독 ちょう 훈독 **なが**い

例 村長(そんちょう) 촌장 長短(ちょうたん) 장단

제11과

この階(かい)に トイレ(といれ)は ありますか

군군일본어

제11과 | この階(かい)に トイレ(といれ)は ありますか

학습 포인트
- あります/ありません
- います/いません
- ～に
- 지시사(ここ)
- 위치를 나타내는 명사
- だれも/なにも/どこにも

Conversation

水野　あれ？ 李さん、いませんね。

金　今(いま) ちょっと トイレ(といれ)に。

水野　この 階(かい)に トイレは ありますか。

金　いいえ、ありません。下(した)の 階(かい)に あります。

水野　ところで、鈴木(すずき)さんも トイレに いますか。

金　鈴木さんは 今(いま) 銀行(ぎんこう)です。

水野　この 近(ちか)くに 銀行が ありますか。

金　はい、郵便局(ゆうびんきょく)の 隣(となり)に ありますよ。

단어

いません 없어요　**ちょっと** 잠깐　**トイレ(といれ)** 화장실　**～に** ～에　**階(かい)** 층

ありますか 있어요?　**ありません** 없어요　**下(した)の階(かい)** 아래층　**ところで** 그런데

いますか 있어요?　**銀行(ぎんこう)** 은행　**近(ちか)く** 근처

郵便局(ゆうびんきょく) 우체국　**隣(となり)** 옆

Grammar

1 あります/います　있습니다

お金(かね)が あります。

車(くるま)が あります。

力(ちから)が あります。

虫(むし)が います。

犬(いぬ)が います。

人(ひと)が います。

2 ありません/いません　없습니다

お札(さつ)は ありません。

車は ありません。

私は 力(ちから)が ありません。

虫は いません。

犬は いません。

人は いません。

●● 단어

お金(**かね**) 돈　**力**(**ちから**) 힘　**虫**(**むし**) 벌레　**犬**(**いぬ**) 개　**お札**(**さつ**) 지폐

3 ～に　～에

田中(たなか)さんの かばんは ここに あります。

トイレ(といれ)は どこに ありますか。

私の 学校(がっこう)には プール(ぷーる)が ありません。

私のクラス(くらす)には 女子学生(じょしがくせい)が いません。

지시사 3

ここ	そこ	あそこ	どこ
여기	거기	저기	어디

4 위치를 나타내는 명사들

私の 家(いえ)の そばに 薬局(やっきょく)が あります。

コンビニ(こんびに)の 前に ポスト(ぽすと)が あります。

家の 外に バイク(ばいく)が あります。

この 部屋(へや)の 中には テレビ(てれび)は ありません。

단어

プール(ぷーる) 풀장　**女子学生(じょしがくせい)** 여학생　**そば** 근처　**外(そと)** 바깥

薬局(やっきょく) 약국　**ポスト(ぽすと)** 우체통　**バイク(ばいく)** 오토바이　**部屋(へや)** 방

上(うえ)

中(なか)

左(ひだり) ← → 右(みぎ)

下(した)

前(まえ)  後(うし)ろ

横(よこ) ↔ 間(あいだ) ↔ 隣(となり)

5 だれも / 何(なに)も / どこにも 아무도 / 아무것도 / 어디에도

学校(がっこう)には だれも いません。

この 箱(はこ)の 中には 何も ありません。

この 部屋には 何も いません。(동물, 벌레 등)

金さんは どこにも いません。

단어

箱(はこ) 상자

Let's write

1. 저 가방 앞에 일본어 책이 있습니다.

2. 책상 위에 볼펜과 연필이 있습니다.

3. 전자레인지 안에 구운 생선이 있습니다.

4. 저 집에는 큰 나무가 있습니다. 힌트 木(き) 나무

5. 김 씨 옆에 이 씨가 있습니다.

6. 다나카 씨 자동차 밑에 고양이가 있습니다.

7. 화장실에는 아무도 없습니다.

8. 이 동물원에는 기린이 없습니다. 힌트 動物園(どうぶつえん) 동물원

9. 한국에 호랑이는 있지만 사자는 없습니다.

10. 나의 집에는 냉장고는 있지만 텔레비전은 없습니다.

Let's talk

■ 다음 물음에 일본어로 대답해 봅시다.

1. くつ下(した)は どこに ありますか。

2. はさみは どこに ありますか。 힌트 ひきだし 서랍

3. ねこは どこに いますか。

Let's talk

4. 新聞(しんぶん)は どこに ありますか。

5. めがねは どこに ありますか。

6. 携帯(けいたい)は どこに ありますか。

7. かさは どこに ありますか。

8. ごみばこは どこに ありますか。

9. 車(くるま)は どこに ありますか。

10. 財布(さいふ)は どこに ありますか。

●● 단어

くつ下(した) 양말　**はさみ** 가위　**新聞(しんぶん)** 신문　**携帯(けいたい)** 휴대 전화
ベッド(べっど) 침대　**かさ** 우산　**ごみばこ** 쓰레기통　**財布(さいふ)** 지갑

여러 가지 방에 있는 물건

한자 공부

가게 점 店 店店店店店店店店

음독 てん 훈독 みせ

例 店員(てんいん) 점원 夜店(よみせ) 밤거리의 노점

배울 학 学 学学学学学学学学

음독 がく 훈독 **まな**ぶ

例 進学(しんがく) 진학 学問(がくもん) 학문

남녘 남 南 南南南南南南南南南

음독 なん 훈독 みなみ

例 東南(とうなん) 동남 南方(なんぽう) 남쪽

밥 식 食 食食食食食食食食食

음독 しょく 훈독 **た**べる・**く**う

例 食堂(しょくどう) 식당 間食(かんしょく) 간식

앞 전 前 前前前前前前前前前

음독 ぜん 훈독 まえ

例 午前(ごぜん) 오전 前後(ぜんご) 전후

제12과

水野(みずの)さんは何人家族(なんにんかぞく)ですか。

군군일본어

제12과 | 水野(みずの)さんは 何人家族(なんにんかぞく)ですか。

학습 포인트 ●● 何人家族
가족호칭
何人
だから

Conversation

金　水野さんは 何人家族(なんにんかぞく)ですか。

水野　私は 父(ちち)と 母(はは)と 妹(いもうと)の ４人家族(よにんかぞく)です。金さんは？

金　祖母(そぼ)と 父(ちち)と 母(はは)と 兄(あに) 一人(ひとり)と 姉(あね) 二人(ふたり)と 私の ７人(ななにん)家族です。

水野　わ～、大家族(だいかぞく)ですか。じゃ、金さんは 末(すえ)っ子(こ)ですね。

金　はい、そうです。

水野　下(した)の お姉(ねえ)さんとは 何才違(なんさいちが)いですか。

金　１才違(いっさいちが)いです。

水野　じゃ、年子(としご)ですね。

金　はい、だから いつも ケンカ(けんか)が 多(おお)かったです。

Grammar

1 何人(なんにん)家族(かぞく)ですか。 가족이 몇 명입니까?

A：田中(たなか)さんは 何人家族(なんにんかぞく)ですか。

B：私は ３人家族です。

A：田中(たなか)さんの 家族(かぞく)は 何人(なんにん)ですか。

B：５人(にん)です。

A：金(きん)さんの ご家族(かぞく)は 何人(なんにん)ですか。

B：私(わたし)の 家族(かぞく)は ４人(にん)です。

●● 단어

何人(なんにん) 몇 명　**家族(かぞく)** 가족　**父(ちち)** 아버지　**母(はは)** 어머니
妹(いもうと) 여동생　**祖母(そぼ)** 조모　**一人(ひとり)** 한 명　**二人(ふたり)** 두 명
大家族(だいかぞく) 대가족　**末(すえ)っ子(こ)** 막내　**お姉(ねえ)さん** 언니, 누나
何才違(なんさいちが)い 몇 살 차이　**年子(としご)** 연년생　**だから** 그러니까　**ケンカ(けんか)** 싸움
多(おお)い 많다

2 가족 호칭

호칭	나의 가족을 남에게 말할 때	남의 가족을 호칭할 때	자기 가족끼리 호칭할 때
할아버지	祖父(そふ)	お祖父(じい)さん	お祖父(じい)さん
할머니	祖母(そぼ)	お祖母(ばあ)さん	お祖母(ばあ)さん
아버지	父(ちち)	お父(とう)さん	お父(とう)さん
어머니	母(はは)	お母(かあ)さん	お母(かあ)さん
형/오빠	兄(あに)	お兄(にい)さん	お兄(にい)さん(お兄(にい)ちゃん)
누나/언니	姉(あね)	お姉(ねえ)さん	お姉(ねえ)さん(お姉(ねえ)ちゃん)
남동생	弟(おとうと)	弟(おとうと)さん	이름
여동생	妹(いもうと)	妹(いもうと)さん	이름
남편	夫(おっと) / 主人(しゅじん)	ご主人(しゅじん)	
아내	家内(かない) / 妻(つま)	奥(おく)さん	
아들	息子(むすこ)	息子(むすこ)さん	
딸	娘(むすめ)	娘(むすめ)さん / お嬢(じょう)さん	
자식	子供(こども)	お子(こ)さん	
부모	親(おや)(両親(りょうしん))	ご両親(りょうしん)	

3 何人ですか。 몇 명입니까?

一人	二人	三人	四人	五人	六人	七人	八人	九人	十人	何人
ひとり	ふたり	さんにん	よにん	ごにん	ろくにん	しちにん/ななにん	はちにん	きゅうにん	じゅうにん	なんにん
한 명	두 명	세 명	네 명	다섯 명	여섯 명	일곱 명	여덟 명	아홉 명	열 명	몇 명

4 何才違(なにさいちが)いですか。 몇 살 차이입니까?

奥(おく)さんとは 何才違いですか。

父(ちち)の 誕生日(たんじょうび)と 私の 誕生日は 一日(いちにち)違いです。

「カップ(かっぷ)」と「コップ(こっぷ)」と どんな 違いが ありますか。

これは 日本と 韓国の 文化(ぶんか)の 違いです。

5 だから 그러니까

A：日本語(にほんご)は 漢字(かんじ)が 多(おお)いですね 。

B：だから、勉強(べんきょう)が 大変(たいへん)です。

●● 단어

奥(おく)さん 남의 아내를 높여 부르는 말　**誕生日(たんじょうび)** 생일

一日(ついたち) 하루　**カップ**(かっぷ) 손잡이 있는 컵　**コップ**(こっぷ) 손잡이 없는 컵　**文化(ぶんか)** 문화

Let's write

1. 몇 명 가족입니까?(가족이 몇 명입니까?)

2. 아버지와 어머니와 남동생, 저까지 4인가족입니다.

3. 김 씨 여동생은 중학생입니까?

4. 아버님과 어머님은 몇 살 차이세요?

5. 5살 차이입니다.

6. 김 씨는 막내입니까?

7. 아니요, 막내가 아닙니다. 장남(장녀)입니다. 힌트 長男(ちょうなん) 장남 長女(ちょうじょ) 장녀

8. 위에 형(오빠)이 있습니까?

9. 네, 형(오빠)이 2명 있습니다.

10. 일본과 한국의 문화 차이는 무엇입니까?

Let's talk

ホン(ほん) 五人家族 お父さん お母さん お姉さん 妹さん	すずき 三人家族 お父さん お母さん	さとう 四人家族 お父さん お母さん 弟さん	リ(り) 六人家族 お祖父さん お祖母さん お父さん お兄さん 妹さん	ロバート(ろばと) 七人家族 お祖父さん お祖母さん お父さん お姉さん お兄さん 弟さん

다음 물음에 일본어로 대답해 봅시다.

1. ホン(ほん)さんは 何人家族(なんにんかぞく)ですか。

2. ホンさんの 家族は だれ だれ いますか。

3. すずきさんは 何人家族ですか。

Let's talk

4. リさんは 妹(いもうと)さんが いますか。

5. すずきさんの 家族は だれ だれ いますか。

6. さとうさんは 何人家族ですか。

7. リ(り)さんは 何人家族ですか。

8. すずきさんは 妹さんが いますか。

9. さとうさんは 弟(おとうと)さんがいますか。

10. ロバート(ろばと)さんの 家(いえ)は 大家族(だいかぞく)ですか。

여러 가지 채소

 ほうれんそう 시금치	 なす 가지	 しいたけ 표고버섯
 はくさい 배추	 ねぎ 파	 きゅうり 오이
 だいこん 무	 ぶろっこり ブロッコリー 브로콜리	 かぼちゃ 단호박
 ぴまん ピーマン 피망		

한자 공부

사람 인 人人人

음독 にん・じん 훈독 くち

例 料理人(りょうりにん) 요리사 社会人(しゃかいじん) 사회인

이제 금 今今今今今

음독 こん 훈독 いま

例 今年(こんねん) 금년 今頃(いまごろ) 지금쯤

둥글 원 円円円円円

음독 えん 훈독 **まる**い

例 円満(えんまん) 원만 半円(はんえん) 반원

날 출 出出出出出出

음독 すい・しゅつ 훈독 **で**る・**だ**す

例 出張(しゅっちょう) 출장(회사) 出場(しゅつじょう) 출장(경기)

오른쪽 우 右右右右右右

음독 う 훈독 みぎ

例 右折(うせつ) 우회전 右側(みぎがわ) 우측

제13과

まいにち　こ　ひ
毎日 コーヒーを
の
飲みますか。

군군일본어

제13과 | 毎日(まいにち) コーヒー(こ ひ)を 飲(の)みますか。

학습 포인트 ●● 동사 분류
동사 활용
동사 ます형
~時

Conversation

水野 金さんは 毎朝(まいあさ) コーヒー(こ ひ)を 飲(の)みますか。

金 父(ちち)や 母(はは)は 飲みますけど、私は 飲みません。

私は 毎朝(まいあさ) 牛乳(ぎゅうにゅう)を 飲みます。

水野 じゃ、金さんは 朝(あさ)は ご飯(はん)を 食(た)べますか、それとも

パン(ぱ ん)を 食べますか。

金 私は ご飯は あまり 好(す)きじゃないので、

毎朝 パンを 食べます。

水野 パンは どこで 買(か)いますか。

金 いつも 駅前(えきまえ)の パン屋(や)で 買いますけど、

ときどき コンビニ(こ ん び に)で 買う 時(とき)も あります。

Grammar

1 동사 분류

① **1그룹동사(1류동사) :** 동사 어미가 る로 끝나지 않는 동사, 그리고 る로 끝나는 동사 중에서 る 앞이 あ단, う단, お단으로 끝나는 동사

遊ぶ 놀다　書く 쓰다　売る 팔다　話す 이야기하다　乗る 타다　ある 있다

② **2그룹동사(2류동사):** 동사 어미가 る로 끝나는 동사 중에서 る 앞이 い단이나 え단으로 끝나는 동사

起きる 일어나다　見る 보다　着る 입다　食べる 먹다
寝る 자다　教える 가르치다

③ **3그룹동사(3류동사):** 3그룹동사에 속하는 동사는 두 개뿐이며 동사의 변화가 불규칙하므로 나올 때마다 외워야 한다.

来る 오다　する 하다

예외	帰る 돌아가다, 돌아오다　切る 자르다　走る 달리다　入る 들어가다　知る 알다
비교	変える 바꾸다　着る 입다

●● 단어

毎朝(まいあさ) 매일 아침　**飲(の)む** 마시다　**～けど** ～지만　**父(ちち)** 아버지
母(はは) 어머니　**牛乳(ぎゅうにゅう)** 우유　**朝(あさ)** 아침　**ご飯(はん)** 밥
それとも 아니면　**パン** 빵　**あまり** 그다지　**～で** ～에서　**買(か)う** 사다
駅前(えきまえ) 역전　**パン屋(や)** 빵집　**ときどき** 가끔　**コンビニ** 편의점　**時(とき)** 때

2 동사의 ます형

※동사 활용연습은 부록에 있음

① **1그룹동사(1류동사)** ⇒ う단으로 끝나는 어미를 い단으로 바꾸고 ます를 붙인다.

기본형	**ます**형
かう 사다	かう ➡ かい＋ます＝かいます 삽니다
のむ 마시다	のむ ➡ のみ＋ます＝のみます 마십니다

② **2그룹동사(2류동사)** ⇒ 어미 る를 없애고 ます를 붙인다.

기본형	**ます**형
たべる 먹다	たべ~~る~~＋ます＝たべます 먹습니다
ねる 자다	ね~~る~~＋ます＝ねます 잡니다

③ **3그룹동사(3류동사)** ⇒ 두 개뿐이므로 무조건 외워야 한다.

する 하다 ➡ します 합니다 / 来(く)る 오다 ➡ 来(き)ます 옵니다

3 ～ません　～하지 않습니다(동사의 부정형)

私の 母(はは)は スンデ(すんで)を 食(た)べません。

私は 今日(きょう) 学校(がっこう)に 行(い)きません。

A：毎日(まいにち) お母さんに 電話(でんわ)を しますか。

B：いいえ、毎日は しません。

4 때를 나타내는 말 익히기 7

毎朝	毎晩	今朝	今晩
まいあさ	まいばん	けさ	こんばん
매일 아침	매일 밤	오늘 아침	오늘 밤

5 ～けど　～지만 / ～인데

私の 子供(こども)は 小学生(しょうがくせい)ですけど、金さんの 子供さんは 中学生(ちゅうがくせい)です。

ハングルは やさしいですけど、漢字(かんじ)は やさしく ないです。

私は バイクを 買(か)いますけど、金さんは 車(くるま)を 買います。

6 ～時(とき)　～때

これは 子供(こども)の 時の 話(はなし)です。(제7과 복습)

暑(あつ)い 時は クーラーを つけます。(제7과 복습)

お金(かね)が 必要(ひつよう)な 時は アルバイトを します。

空港(くうこう)に 行く 時は リムジンバスで 行(い)きます。

단어

電話(でんわ) 전화　**子供(こども)** 어린이　**話(はなし)** 이야기　**クーラー** 에어컨

お金(かね) 돈　**必要(ひつよう)** 필요함　**アルバイト** 아르바이트　**空港(くうこう)** 공항

リムジンバス 리무진버스　**～で** ～로(수단)

Let's write

1. 매일 도서관에 갑니까? **힌트** 図書館(としょかん) 도서관

2. 매일 밤에 라면을 먹습니다.

3. 저는 생선을 먹지 않습니다. **힌트** 魚(さかな) 생선

4. 추울 때는 점퍼를 입습니다. **힌트** ジャンバー(じゃんば) 점퍼

5. 한국에서는 밥을 먹을 때 숟가락을 사용합니다.
힌트 ごはん 밥 スプーン(すぷん) 숟가락 つかう 사용하다

6. 가끔 낮잠을 잡니다. **힌트** 昼寝(ひるね)をする 낮잠을 자다

7. 한가할 때는 음악을 듣습니다. **힌트** ひまだ 한가하다 音楽(おんがく) 음악 きく 듣다

8. 매일 편의점에서 커피를 삽니다. **힌트** コーヒー(こひ) 커피 かう 사다

9. 다나카 씨는 언제 학교에 옵니까? **힌트** いつ 언제

10. 매일 아침 몇 시에 일어납니까? **힌트** 何時(なんじ) 몇 시 おきる 일어나다

Let's talk

1. 朝(あさ)、何時(なんじ)に 起(お)きますか。

2. 何時(なんじ)に 学校(がっこう)(会社(かいしゃ))に 行(い)きますか。

3. 昼(ひる)ご飯(はん)は だれと 食(た)べますか。

4. 日本の 食(た)べ物(もの)を 食(た)べますか。

5. 日本の 歌(うた)を 聞(き)きますか

6. トマトジュース(とまとじゅす)を 飲(の)みますか。

●● 단어

朝(あさ) 아침　**何時(なんじ)** 몇 시　**起(お)きる** 일어나다　**学校(がっこう)** 학교
会社(かいしゃ) 회사　**昼(ひる)ご飯(はん)** 점심(식사)　**だれ** 누구　**食(た)べ物(もの)** 음식
歌(うた) 노래　**聞(き)く** 듣다　**トマトジュース**(とまとじゅす) 토마토 주스　**飲(の)む** 마시다

7. どんなドラマを 見ますか。

8. 毎日、新聞を 読みますか。

9. お酒を 飲みますか。

10. 何時に 寝ますか。

●● 단어

ドラマ 드라마 **見(み)る** 보다 **毎日(まいにち)** 매일 **新聞(しんぶん)** 신문

読(よ)む 읽다 **お酒(さけ)** 술 **飲(の)む** 마시다 **寝(ね)る** 잠을 자다

여러 가지 음료

 ホットコーヒー 핫 커피	 アイスコーヒー 아이스 커피	 コーラ 콜라
 紅茶(こうちゃ) 홍차	 牛乳(ぎゅうにゅう) 우유	 サイダー 사이다
 ココア 코코아	 お茶(ちゃ) (녹)차	 麦茶(むぎちゃ) 보리차
 お酒(さけ) 술		

이름 명 **名**

음독 みょう・めい 훈독 な

例 名刺(めいし) 명함 名前(なまえ) 이름

큰 대 **大**

음독 だい 훈독 **おお**きい

例 巨大(きょだい) 거대 大統領(だいとうりょう) 대통령

내 천 **川**

음독 せん 훈독 かわ

例 河川(かせん) 하천 小川(おがわ) 작은 시내

왼 좌 **左**

음독 さ 훈독 ひだり

例 左折(させつ) 좌회전 左側(ひだりがわ) 좌측

해 년 **年**

음독 ねん 훈독 とし

例 学年(がくねん) 학년 お年玉(としだま) 세뱃돈

제14과

家(いえ)で ゆっくり
休(やす)みたいです。

군군일본어

제14과 | 家(いえ)で ゆっくり 休(やす)みたいです。

학습 포인트 ~ました ~ながら よかった ~ぐらい ~たい

Conversation

金　水野さん、昨日(きのう)は 家(いえ)に いましたか。

水野　はい、昨日は 家で テレビを 見(み)ながら ゆっくり 休(やす)みました。

金　それは よかったですね。僕は 休日出勤(きゅうじつしゅっきん)でしたよ。

水野　わ～、それは 大変(たいへん)でしたね。

金　休日(きゅうじつ)ぐらいは 家で ゆっくり 休みたいです。

水野　本当(ほんとう)に そうですね。

단어

昨日(きのう) 어제　**家(いえ)** 집　**～ながら** ～면서　**ゆっくり休(やす)む** 푹 쉬다

よかった 다행이다　**休日出勤(きゅうじつしゅっきん)** 휴일 출근

大変(たいへん) 힘들다　**～ぐらい** ～정도　**～たい** ～고 싶다　**本当(ほんとう)に** 정말로

Grammar

1 ～ました　～했습니다(동사의 과거형)

昨日は 友だちと 遊びました。

週末は 一日 12時間も 寝ました。

新しい ズボンを 買いました。

2 ～ませんでした　～하지 않았습니다(동사의 과거 부정형)

今朝は 朝ごはんを 食べませんでした。

正月は 実家に 帰りませんでした。

3 ～ながら　～면서

私は テレビを 見ながら ご飯を 食べます。

金さんは 音楽を 聞きながら 勉強します。

彼女と コーヒーを 飲みながら 話しました。

단어

週末(しゅうまつ) 주말　**一日(いちにち)** 하루　**時間(じかん)** 시간　**ズボン** 바지
今朝(けさ) 오늘 아침　**正月(しょうがつ)** 정월　**実家(じっか)** 친정　**音楽(おんがく)** 음악
勉強(べんきょう) 공부

4 よかった　다행이다/잘되었다/좋았다

A：鈴木(すずき)さん、昨日(きのう) 退院(たいいん)しましたよ。

B：それは、よかったですね。

A：娘(むすめ)が アメリカの 大学(だいがく)に 合格(ごうかく)しました。

B：わ～、よかったですね。

A：あの 新(あたら)しい レストラン、どうでしたか。

B：サービスが とても よかったですよ。

5 ～ぐらい　～정도

アメリカに 2年(ねん)ぐらい 住(す)みました。

北京(ぺきん)まで 飛行機(ひこうき)で どのぐらい かかりますか。

この ルビーの 指輪(ゆびわ)は いくらぐらい しますか。

단어

退院(たいいん) 퇴원　**娘(むすめ)** 딸　**合格(ごうかく)** 합격　**住(す)む** 살다

北京(ぺきん) 북경　**飛行機(ひこうき)** 비행기　**かかる** 걸리다　**ルビー** 루비

指輪(ゆびわ) 반지　**いくら** 얼마

6 ます형＋たい　하고 싶다

アイスコーヒーが 飲(の)みたいです

夏休(なつやす)みに 友(とも)だちと 旅行(りょこう)したいです。

日本(にほん)の 音楽(おんがく)を 聞(き)きたいです。

パンは 食(た)べたく ないです。

●● 단어

夏休(なつや)み 여름방학　**旅行(りょこう)** 여행

Let's write

1. 어제는 스즈키 씨와 함께 요리를 했습니다.

2. 오늘은 아침 7시에 일어났습니다.

3. 어제는 택시를 타지 않았습니다.

4. 나는 신문을 읽으면서 커피를 마십니다.

5. 어제는 라디오를 들으면서 일본어 공부를 했습니다.

6. 어제의 콘서트는 아주 좋았습니다. 힌트 コンサート 콘서트

7. 우유를 한 잔 더 마시고 싶습니다. 힌트 もう いっぱい 한 잔 더

8. 매일 8시간 정도 자고 싶습니다.

9. 나는 중학교 선생님이 되고 싶습니다. 힌트 中学校(ちゅうがっこう) 중학교　～に なる ～이 되다

10. 내년 4월에 동경에 가고 싶습니다. 힌트 来年 내년

Let's talk

1. 昨日(きのう)は 何時(なんじ)に 寝(ね)ましたか。

2. 今日(きょう)は 何時に 起(お)きましたか。

3. 昨日は 学校(がっこう)に 来(き)ませんでしたか。

4. あなたは いつも スマホを しながら ご飯(はん)を 食(た)べますか。

   힌트 スマホ 스마트폰

5. あなたは コーヒーや ジュースを 飲(の)みながら 何(なに)を しますか。

6. あなたは 毎日(まいにち) 何(なに)CCぐらい お水(みず)を 飲(の)みますか。

7. 昨日は 何時間(なんじかん)ぐらい 寝(ね)ましたか。

8. 今(いま) 何(なに)が 食(た)べたいですか。

Let's talk

9. 夏休み(冬休み)に 何が したいですか。

10. 芸能人の 中で だれに 一番 会いたいですか。

힌트 芸能人 연예인 一番 제일

여러 가지 여가 활동

かいすいよく
海水浴
해수욕

はくぶつかん
博物館
박물관

かいがいりょこう
海外旅行
해외여행

ゆうえんち
遊園地
유원지

すいぞくかん
水族館
수족관

やきゅう
プロ野球
프로야구

ハイキング
하이킹

がいしょく
外食
외식

ゴルフ
골프

どうぶつえん
動物園
동물원

しょくぶつえん
植物園
식물원

カラオケ
노래방

한자 공부

뒤 후 **後**

음독 こう・ご　훈독 あと・うしろ

例 後輩(こうはい) 후배　午後(ごご) 오후

날 일 **日**

음독 にち・じつ　훈독 ひ・か

例 半日(はんにち) 반나절　休日(きゅうじつ) 휴일

때 시 **時**

음독 じ　훈독 とき

例 時間(じかん) 시간　時々(ときどき) 가끔

글 서 **書**

음독 しょ　훈독 かく

例 書道(しょどう) 서예　書式(しょしき) 서식

근본 본 **本**

음독 ほん　훈독 もと

例 本屋(ほんや) 책방　本社(ほんしゃ) 본사

제15과

海(うみ)へ 泳(およ)ぎに 行(い)きませんか。

군군일본어

제15과 | 海(うみ)へ 泳(およ)ぎに 行(い)きませんか。

학습 포인트 なにか
～にいく
～ませんか
～なんです
～にする
～ましょうか

Conversation

水野 金さん、今度(こんど)の 土曜日(どようび)、何(なに)か 予定(よてい)が ありますか。

金 いいえ、何(なに)も ありませんけど。

水野 じゃ、海(うみ)へ 泳(およ)ぎに 行(い)きませんか。

金 あ～、僕(ぼく)、実(じつ)は「かなづち」なんです。

水野 あ、それなら、キャンプ場(じょう)に しましょうか。

金 はい、そっちの 方(ほう)が いいです。

단어

今度(こんど) 이번 **何(なに)か** 무언가 **予定(よてい)** 예정 **海(うみ)** 바다
泳(およ)ぐ 수영하다 **僕(ぼく)** 나 **実(じつ)は** 실은 **かなづち** 맥주병 **それなら** 그렇다면
キャンプ場(じょう) 캠핑장 **～にする** ～로 하다 **そっち** 그쪽 **方(ほう)** 편

Grammar

1 何(なに)か　무언가

A：この 池(いけ)に 何か いますか。

B：はい、こいや かめが います。

A：あの 部屋(へや)に だれか いますか。

B：いいえ、だれも いません。

A：今日(きょう) どこか 行(い)きますか。。

B：はい、図書館(としょかん)に 行きます。

2 ます형+に　~하러

金さんは 卵(たまご)を 買(か)いに スーパーに 行きました。

友(とも)だちが 遊(あそ)びに 来(き)ました。

何を しに 行きますか。

昨日(きのう) ビール工場(こうじょう)に 見学(けんがく)に 行きました。

●● 단어

池(いけ) 연못　**こい** 잉어　**かめ** 거북이　**卵(たまご)** 계란　**工場(こうじょう)** 공장

見学(けんがく) 견학

3 ～ませんか　～하지 않겠습니까? / ～하지 않을래요?

コーヒーでも 飲みませんか。

そろそろ 帰(かえ)りませんか。

いっしょに 中国語(ちゅうごくご)を 習(なら)いに 行きませんか。

4 ～なんです　～입니다 (설명)

A：チョコレート、10個(こ)も 買(か)うんですか。

B：今日(きょう) バーゲンセールなんですよ。

A：どうして マスクを。

B：ここ、ほこりが 多(おお)いんですよ。

A：クッキー、よく 食(た)べますね。

B：はい、クッキー、大好(だいす)きなんですよ。

A：今日(きょう) 日曜日(にちようび)ですけど、学校(がっこう)に 行(ゆ)くんですか。

B：はい、試合(しあい)が あるんです。

●● 단어

そろそろ 슬슬　**いっしょに** 같이　**中国語(ちゅうごくご)** 중국어　**習(なら)う** 배우다
どうして 왜　**ほこり** 먼지　**多(おお)い** 많다　**大好(だいす)き** 아주 좋아하다
試合(しあい) 시합

5 ～にする　～로 하다

A：食事(しょくじ)は 何(なに)に しますか。

B：私は ビーフカレーに します。

A：今度(こんど)の 社員旅行(しゃいんりょこう)は どこが いいですか。

B：今度の 社員旅行は 伊豆(いず)に しませんか。

6 ～ましょうか　～할까요?

その 出張(しゅっちょう)、私が 行(い)きましょうか。

私の かさ、貸(か)しましょうか。

今日(きょう)の お昼(ひる)は 何(なに)を 食(た)べましょうか。

そろそろ 寝(ね)ましょうか。

●● 단어

食事(しょくじ) 식사　**今度(こんど)** 이번, 다음번

社員旅行(しゃいんりょこう) 직원 단체여행　**伊豆(いず)** 이즈(일본 지명)

出張(しゅっちょう) 출장　**かさ** 우산　**貸(か)す** 빌리다　**お昼(ひる)** 점심　**寝(ね)る** 자다

Let's write

1. 이 가게에서 뭔가 사겠습니까?

2. 아니요, 아무것도 안 사겠습니다.

3. 나카시마 씨, 내일 맛있는 카레라이스 먹으러 가지 않겠습니까?

   힌트 カレーライス 카레라이스

4. 좋아요. 몇 시에 어디서 만날까요?

5. 아이스크림을 사러 슈퍼에 갑니다. 힌트 アイスクリーム 아이스크림 スーパー 슈퍼

6. 다음 주 토요일에 같이 영화를 안 볼래요? 힌트 映画(えいが) 영화

7. 라면은 무슨 라면으로 할까요? 힌트 ラーメン 라면

8. 저는 된장라면으로 할게요. 힌트 みそラーメン 된장라면

9. 제가 운전할까요? 힌트 運転(うんてん) 운전

10. 조금 쉴까요? 힌트 すこし 조금

Let's talk

1. あなたは 今年（ことし）(去年（きょねん）)の 夏（なつ）、海（うみ）へ 泳（およ）ぎに 行（い）きましたか。(行きますか)

2. あなたは 海が いいですか、山（やま）が いいですか。

3. 今（いま）、何（なに）か ほしいものがありますか。

4. だれか 好（す）きな 芸能人（げいのうじん）は いますか。

5. どこか 行きたい ところが ありますか。

6. 今、何か たべたい ものが ありますか。

●● 단어

今年(ことし) 금년 **去年(きょねん)** 작년 **夏(なつ)** 여름 **山(やま)** 산 **もの** 것, 물건
芸能人(げんいのうじん) 연예인 **ところ** 곳

7. 図書館(としょかん)に 何を しに 行きますか。

8. デパートに 何を しに 行きますか。

9. 体育館(たいいくかん)に 何を しに 行きますか。

10. 塾(じゅく)に 何を しに いきますか。

단어

図書館(としょかん) 도서관 **デパート** 백화점 **体育館(たいいくかん)** 체육관
塾(じゅく) 학원

여러 가지 가게 2

ファミリーレストラン
패밀리 레스토랑

花屋(はなや)
꽃 가게

肉屋(にくや)
정육점

魚屋(さかなや)
생선 가게

自転車屋(じてんしゃや)
자전거 가게

薬屋(くすりや)
약국

デパート
백화점

居酒屋(いざかや)
선술집

スーパー
슈퍼마켓

おすし屋(や)
초밥집

ガソリンスタンド
주유소

クリーニング屋(や)
세탁소

학교 교 校校校校校校校校校校

음독 こう 훈독 없음

例 学校(がっこう) 학교 校長先生(こうちょうせんせい) 교장 선생님

매양 매 毎毎毎毎毎毎毎

음독 まい 훈독 ごと

例 毎朝(まいあさ) 매일 아침 毎月(まいつき) 매월

기운 기 気気気気気気気

음독 きえ・け 훈독 없음

例 気分(きぶん) 기분 根気(こんき) 끈기

일백 백 百百百百百百百

음독 ひゃく 훈독 없음

例 百個(ひゃっこ) 백 개 三百(さんびゃく) 삼백

들을 문 聞聞聞聞聞聞聞聞聞
聞聞聞聞聞聞

음독 ぶん 훈독 きく 例 新聞(しんぶん) 신문 聞(き)きとり 듣기

제16과

体(からだ)に 気(き)を つけて ください。

군군일본어

제16과 | 体に 気を つけて ください。

학습 포인트
- 一泊二日
- 동사의 て형
- ~の 後
- ~て ください

Conversation

金　水野さん、楽しい 週末でしたか。

水野　はい、週末は 箱根の 旅館で 一泊して、温泉に 入って、和牛を 食べて、来ました。

金　わ~、うらやましいです。僕は 土曜日、会社の 上司と 仕事の 打ち合わせを して、その後、上司と 一杯 しました。

水野　いつも 仕事、仕事ですね。体に 気を つけて ください。

단어

楽(たの)しい 즐겁다　**週末(しゅうまつ)** 주말　**箱根(はこね)** 하코네(일본 지명)
旅館(りょかん) 일본 전통 여관　**一泊(いっぱく)** 1박　**温泉(おんせん)** 온천
入(はい)る 들어가다　**和牛(わぎゅう)** 일본 소　**うらやましい** 부럽다　**上司(じょうし)** 상사
仕事(しごと) 업무, 일　**打(う)ち合(あ)わせ** 상의, 회의　**後(あと)** 뒤
一杯(しっぱい)する 한잔하다　**体(からだ)** 몸　**気(き)をつける** 조심하다

Grammar

1 一泊二日　1박 2일

	1	2	3	4	5	6
～泊	いっぱく	にはく	さんぱく	よんぱく	ごはく	ろっぱく
～日	いちにち	ふつか	みっか	よっか	いつか	むいか
	7	8	9	10	몇	
～泊	ななはく	はっぱく	きゅうはく	じゅっぱく	なんぱく	
～日	なのか	ようか	ここのか	とうか	なんにち	

2 동사의 て형

※동사 활용연습은 부록에 있음

1그룹동사

① 어미

～く ➡ ～いて

～ぐ ➡ ～いで

あるく(걷다) ➡ あるいて

およぐ(헤엄치다) ➡ およいで

cf. いく(가다) ➡ いって

② 어미

～う / ～つ / ～る ➡ ～って

いう(말하다) ➡ いって

まつ(기다리다) ➡ まって

すわる(앉다) ➡ すわって

③ 어미

～ぬ / ～む / ～ぶ ➡ ～んで

しぬ(죽다) ➡ しんで

のむ(마시다) ➡ のんで

あそぶ(놀다) ➡ あそんで

④ 어미

～す ➡ ～して

はなす(이야기하다) ➡ はなして

2그룹동사	어미 ～る ➡ て	みる(보다) ➡ みて おきる(일어나다) ➡ おきて たべる(먹다) ➡ たべて かける(걸다) ➡ かけて
3그룹동사	나올 때마다 암기한다	する(하다) ➡ して くる(오다) ➡ きて

3 ～て　～하고 / ～해서

朝(あさ)、起(お)きて、まず 顔(かお)を 洗(あら)います。

昨日(きのう)は 友(とも)だちに 会(あ)って、映画(えいが)を 見(み)て、夕(ゆう)ご飯(はん)を 食(た)べました。

試験(しけん)に 合格(ごうかく)して うれしいです。

病気(びょうき)が 治(なお)って よかったです。

●● 단어

朝(あさ) 아침　**起(お)きる** 일어나다　**まず** 먼저　**顔(かお)を洗(あら)う** 세수하다
昨日(きのう) 어제　**映画(えいが)** 영화　**夕(ゆう)ご飯(はん)** 저녁밥　**試験(しけん)** 시험
合格(ごうかく) 합격　**うれしい** 기쁘다　**病気(びょうき)** 병　**治(なお)る** 낫다
よかった 다행이다

4 ～の後(あと)　～뒤 / ～후

お風呂(ふろ)の 後、缶(かん)ビールを 飲(の)みます。

運動(うんどう)の 後、シャワーを 浴(あ)びて、家(いえ)に 帰(かえ)ります。

中間(ちゅうかん)テストの 後、友(とも)だちと いっしょに 遊園地(ゆうえんち)に 行(ゆ)きました。

5 ～てください　～해 주세요 / ～하세요

5分(ぶん)だけ 待(ま)って ください。

もう 一度(いちど) 言(い)ってください。

今度(こんど) 遊(あそ)びに 来(き)て ください。

●● 단어

お風呂(ふろ) 목욕　**缶(かん)ビール** 캔맥주　**運動(うんどう)** 운동

シャワーを浴(あ)びる 샤워하다　**中間(ちゅうかん)テスト** 중간고사

遊園地(ゆうえんち) 유원지　**～だけ** ～만　**待(ま)つ** 기다리다

もう一度(いちど) 한 번 더　**言(い)う** 말하다　**今度(こんど)** 다음에

Let's write

1. 어제는 일하고 왔습니다.

2. 아침은 빵을 먹고 점심은 라면을 먹고 저녁은 초밥을 먹었습니다.
   힌트 パン 빵　ラーメン 라면　おすし 초밥

3. 토요일에는 숙제를 하고 잤습니다. 힌트 宿題(しゅくだい) 숙제

4. 어제는 친구랑 마시고 먹고 이야기를 많이 했습니다. 힌트 たくさん 많이

5. 회의 후에 상사랑 같이 저녁을 먹었습니다.

6. 일(한) 뒤에 친구랑 한잔했습니다.

7. 5시간 운전 뒤에 집에 (돌아)가서 많이 잤습니다. 힌트 時間(じかん) 시간

8. 내일은 아침 7시에 깨워 주세요. 힌트 起(お)こす 깨우다

9. 천천히 말해 주세요. 힌트 ゆっくり 천천히

10. 조심해서 들어가세요.

Let's talk

1. 最近 一泊二日の 旅行に 行きましたか。

2. 週末は 何を しましたか。

3. 朝、起きて、まず 何をしますか。

4. いつも 夕ご飯の 後、何を しますか。

5. どんな 車を 買って、だれと、どこに 行きたいですか。

6. 韓国の 温泉は どこが 有名ですか。

●● 단어

最近(さいきん) 최근　**一泊二日(いっぱくふつか)** 1박 2일　**旅行(りょこう)** 여행
週末(しゅうまつ) 주말　**起(お)きる** 일어나다　**まず** 먼저　**いつも** 항상
車(くるま) 자동차　**買(か)う** 사다　**温泉(おんせん)** 온천　**有名(ゆうめい)** 유명함

Let's talk

7. 昨日(きのう)は 何時(なんじ)に 寝(ね)て、今日(きょう)は 何時に 起(お)きましたか。

8. 昼(ひる)ご飯(はん)は 何時に 食(た)べて、夕ご飯は 何時に 食べますか。

9. 今日(きょう)は 何を しますか。

10. 今週(こんしゅう)の 土曜日(どようび)は 何をしますか。

●● 단어

昼(ひる)ご飯(はん) 점심밥　**今日(きょう)** 오늘　**今週(こんしゅう)** 이번 주

여러 가지 탈 것

 ベビーカー 유모차	 さんりんしゃ 三輪車 세바퀴 자전거	 じてんしゃ 自転車 자전거
 タクシー 택시	 でんしゃ 電車 전철	 ちかてつ 地下鉄 지하철
 スクーター 스쿠터	 バイク 오토바이	 ひこうき 飛行機 비행기
 ふね 船 배	 ゆうらんせん 遊覧船 유람선	 しんかんせん 新幹線 신칸센

서녘 서 西西西西西西西

음독 せい 훈독 にし 例 西洋(せいよう) 서양 西日本(にしにほん) 서일본

말씀 화 話話話話話話話話話
話話話話話

음독 わ 훈독 はなし・**はな**す 例 電話(でんわ) 전화 会話(かいわ) 회화

말씀 어 語語語語語語語語語
語語語語語語

음독 ご 훈독 **かた**る 例 英語(えいご) 영어 語学(ごがく) 어학

읽을 독 読読読読読読読読読
読読読読読読

음독 どく 훈독 **よ**む 例 音読(おんどく) 음독 読書(どくしょ) 독서

번개 전 電電電電電電電電電
電電電電電

음독 でん 훈독 없음 例 電気(でんき) 전기 感電(かんでん) 감전

제17과

まいにち　うんどう

毎日 運動を していますか。

군군일본어

제17과 | 毎日(まいにち) 運動(うんどう)を して いますか。

학습 포인트 ～て います
～て いません
동사의 가능형
～ように なる

Conversation

水野　金さんは 毎日(まいにち) 運動(うんどう)を して いますか。

金　毎日では ありませんが、週(しゅう)に 2, 3回(かい)は ジョギングを して います。水野さんは。

水野　僕(ぼく)は 月曜日(げつようび)から 木曜日(もくようび)まで 水泳(すいえい)を して います。

金　どのぐらい 泳(およ)げるんですか。

水野　昔(むかし)は あまり 泳げませんでしたが、今(いま)は 1キロぐらいは 泳げるように なりましたよ。

金　じゃ、金曜日(きんようび)は 何か して いるんですか。

水野　いいえ、金曜日は 飲(の)み会(かい)が 多(おお)いので、何(なに)も 入(い)れて いません。

金　ああ、なるほど。

Grammar

1 ～ています　～고 있다 / ～해 있다

현재진행형

今(いま)、部屋(へや)で テレビを 見(み)て います。

田中(たなか)さんは 図書館(としょかん)で 勉強(べんきょう)して います。

朴さんは 教室(きょうしつ)で レポートを 書(か)いて います。

습관, 반복

いつも 駅(えき)まで 歩(ある)いて います。

私の 父(ちち)は 市役所(しやくしょ)に 勤(つと)めて います。

毎年(まいとし) 2回(かい) 実家(じっか) に帰(かえ)って います。

상태

ドアが 開(あ)いて います。

財布(さいふ)が 落(お)ちて います。

단어

毎日(まいにち) 매일　**運動(うんどう)** 운동　**週(しゅう)に** 일주일에　**～回(かい)** ～회, ～번
水泳(すいえい) 수영　**どのぐらい** 어느 정도　**昔(むかし)** 옛날　**あまり** 그다지
～ぐらい ～정도　**～ようになる** ～하게 되다　**飲(の)み会(かい)** 회식　**入(い)れる** 넣다
なるほど 과연 그렇군요　**今(いま)** 지금　**部屋(へや)** 방　**図書館(としょかん)** 도서관
勉強(べんきょう) 공부　**教室(きょうしつ)** 교실　**駅(えき)** 역　**父(ちち)** 아버지
市役所(しやくしょ) 시청　**勤(つと)める** 근무하다　**毎年(まいとし)** 매년
実家(じっか) 친정　**開(あ)く** 열리다　**財布(さいふ)** 지갑　**落(お)ちる** 떨어지다

李さんは 背広を 着て います。

金さんは もう 学校に 来て います。

cf. 木村さんは 結婚を して います。

2 ～て いません　～하고 있지 않다

最近 ミルクを 飲んで いません。

一年間 学校を 一回も 休んで いません。

伸さんは まだ 大学に 来て いません。

3 동사의 가능형

1그룹동사	う단 ➡ え단＋る	読む ➡ 読める 行く ➡ 行ける 遊ぶ ➡ 遊べる cf. 帰る ➡ 帰れる 入る ➡ 入れる
2그룹동사	～~~る~~ ➡ ＋られる	起きる ➡ 起きられる 見る ➡ 見られる

●● 단어

背広(せびろ) 양복　**学校(がっこう)** 학교　**結婚(けっこん)** 결혼　**最近(さいきん)** 최근
一年間(いちねんかん) 1년간　**一回(いっかい)も** 한 번도

2그룹동사	～る ➡ ＋られる	寝(ね)る ➡ 寝(ね)られる 食(た)べる ➡ 食(た)べられる
3그룹동사	나올 때마다 암기한다	する ➡ できる 来(く)る ➡ 来(こ)られる

この 漢字(かんじ)が 読(よ)めますか。

辛(つら)い ものは 食(た)べられますか。

まだ 一人(ひとり)で 外国(がいこく)に 行(い)けません。

今日(きょう)は 友(とも)だちに 会(あ)えません。

4 ～ように なる　～하게 되다

いつの間(ま)にか 庭(にわ)に 花(はな)が 咲(さ)くように なりました。

1月(がつ)に 入(はい)って 雪(ゆき)が よく 降(ふ)るように なりました。

うちの 息子(むすこ)が 一人(ひとり)で 自転車(じてんしゃ)に 乗(の)れるように なりました。

日本語(にほんご)が 聞(き)き取(と)れるように なりました。

●● 단어

漢字(かんじ) 한자　**辛(から)い** 맵다　**もの** 것　**まだ** 아직　**一人(ひとり)で** 혼자서
外国(がいこく) 외국　**友(とも)だち** 친구　**いつの間(ま)にか** 어느새　**庭(にわ)** 정원
花(はな) 꽃　**咲(さ)く** 피다　**雪(ゆき)** (내리는) 눈　**降(ふ)る** 내리다　**うちの～** 우리(집)～
息子(むすこ) 아들　**自転車(じてんしゃ)** 자전거　**聞(き)き取(と)る** 알아듣다

Let's write

1. 저는 매일 아침 6시에 일어납니다(「~ている」형을 사용).

2. 우리 어머니는 회사에서 일하고 있습니다. 힌트 働(はたら)く 일하다

3. 저 케이크 가게에서 맛있는 케이크를 팔고 있습니다.
힌트 ケーキ屋(や) 케이크 가게　売(う)る 팔다

4. 친구가 제 의자에 앉아 있습니다. 힌트 いすに座(すわ)る 의자에 앉다

5. 역 앞에서 아이가 울고 있습니다. 힌트 駅(えき) 역　泣(な)く 울다

6. 한국어를 할 수 있어요? 힌트 韓国語(かんこくご) 한국어

7. 일본 요리를 만들 수 있습니다. 힌트 料理(りょうり) 요리

8. 저는 일본 노래를 부를 수 있습니다. 힌트 歌(うた)を歌(うた)う 노래를 부르다

9. 일본 한자를 쓸 수 있게 되었습니다. 힌트 漢字(かんじ) 한자

10. 우리 아이는 아직 말을 하지 못합니다. 힌트 言葉(ことば)を話す 말을 하다

Let's talk

1. あなたは 運動(うんどう)を していますか。

2. あなたは 土曜日(どようび)や 日曜日(にちようび)は 何(なに)を して いますか。

3. あなたは 結婚(けっこん)して いますか。

4. あなたは 毎日(まいにち) 牛乳(ぎゅうにゅう)を 飲(の)んで いますか。

5. 毎日(まいにち) 日本語(にほんご)の 勉強(べんきょう)を して いますか。

6. あなたは どんな スポーツが できますか。

7. あなたは どんな 料理(りょうり)が できますか。

8. あなたは 自転車(じてんしゃ)に 乗(の)れますか。

Let's talk

9. あなたは どのぐらい 泳(およ)げますか。

10. あなたは 辛(から)い 食(た)べ物(もの)が 食(た)べられますか。

여러 가지 운동 2

 ソフトボール 소프트볼	 ハンドボール 핸드볼	 スケート 스케이트
 空手(からて) 가라테	 ボクシング 권투	 スノーボード 스노보드
 剣道(けんどう) 검도	 フットサル 풋살	 ホッケー 하키
 アーチェリー 양궁	 フェンシング 펜싱	 ウエイトリフティング 역도

한자 공부

수레 차 **車**

음독 しゃ　훈독 くるま

例 電車(でんしゃ) 전철　自動車(じどうしゃ) 자동차

높을 고 **高**

음독 こう　훈독 **たか**い

例 高速(こうそく) 고속　円高(えんだか) 엔고

사이 간 **間**

음독 かん　훈독 あいだ・ま

例 時間(じかん) 시간　昼間(ひるま) 낮(동안)

인간 세 **世**

음독 せ　훈독 よ

例 世界(せかい) 세계　この世(よ) 이 세상

일 사 **事**

음독 じ　훈독 こと

例 事件(じけん) 사건　仕事(しごと) (회사)일

제18과

あの 白(しろ)い ズボンを はいて いる 人(ひと)ですか。

군군일본어

제18과 | あの 白(しろ)い ズボンを はいて いる 人(ひと)ですか。

학습 포인트 동사의 명사 수식 / ～でしょうか / 知(し)って います / 分(わ)かりません / ～か

Conversation

水野　金さん。あの サングラスを かけて いる 男性(だんせい)、だれか 知(し)って いますか。

金　あの 白(しろ)い ズボンを はいて いる 人(ひと)ですか。

水野　はい、そうです。

金　いいえ、知(し)りませんけど。

水野　あの人、日本(にほん)の 俳優(はいゆう)ですよ。

金　え、本当(ほんとう)ですか。韓国(かんこく)でも 有名(ゆうめい)な 人(ひと) でしょうか。

水野　さあ、それは ちょっと 分(わ)かりませんね。

단어

サングラス 선글라스　**かける** (안경 등을) 쓰다　**男性(だんせい)** 남성　**～か** ～인지
知(し)る 알다　**白(しろ)い** 하얗다　**ズボン** 바지　**はく** (바지, 양말 등을) 입다, 신다
人(ひと) 사람　**俳優(はいゆう)** 배우　**本当(ほんとう)** 정말　**さあ** 글쎄　**ちょっと** 좀
分(わ)かる 알다

Grammar

1 동사의 명사 수식

① 동사 기본형＋명사

韓国では おでんを しょうゆに つけて 食べる 人が 多いです。

日本に 行く 日は 5月10日です。

明日 会う 人は 外国の お客さまです。

② 동사 ている형(기본형)＋명사

あそこで テレビを 見て いる 人が 朴さんです。

毎日 して いる 運動は ありません。

金さんが 飲んで いる ものは トマトジュースです。

2 知って います　알고 있습니다(압니다)

Ａ：彼女の 名前を 知って いますか。

Ｂ：はい、知って います。高橋良子さんです。

Ａ：田中さんの 家の 住所を 知っていますか。

Ｂ：いいえ、よく 知りませんが。

●● 단어

おでん 오뎅　**しょうゆ** 간장　**つける** (간장 등을) 찍다　**日(ひ)** 날　**外国(がいこく)** 외국
お客(きゃく)さま 손님　**彼女(かのじょ)** 그녀　**名前(なまえ)** 이름　**家(いえ)** 집
住所(じゅうしょ) 주소

3 ～か　～인지

次(つぎ)の ミーティング、いつか 知って いますか。

浅草寺(せんそうじ)が どこに あるか よく 知りません。

清水(しみず)さんと 結婚(けっこん)するか どうか 悩(なや)んで います。

4 ～でしょうか　～일까요? / ～인가요?

明日(あした)は 休(やす)みでしょうか。

治療(ちりょう)は 痛(いた)いでしょうか。

東京(とうきょう)の 地下鉄(ちかてつ)は 複雑(ふくざつ)でしょうか。

明日(あした) 雨(あめ)が 降(ふ)るでしょうか。

5 分(わ)かりません　모릅니다(모르겠습니다)

Ａ：週末(しゅうまつ)は 何(なに)を しますか

Ｂ：まだ 分かりません。

단어

次(つぎ) 다음　**ミーティング** 미팅(회의)　**浅草寺(せんそうじ)** 센소지(동경에 있는 절)
結婚(けっこん) 결혼　**悩(なや)む** 고민하다　**明日(あした)** 내일　**休(やす)み** 쉬는 날
治療(ちりょう) 치료　**痛(いた)い** 아프다　**地下鉄(ちかてつ)** 지하철
複雑(ふくざつ) 복잡함　**雨(あめ)** 비　**降(ふ)る** 내리다　**週末(しゅうまつ)** 주말

A：金さん、まだ 来ませんね。心配です。

B：私も 金さんが どうして 遅いか ちょっと 分かりません。

A：田中さんの 気持ちが よく 分かりません。

A：日本語、分かりますか。

B：はい、少し 分かります。

단어

心配(しんぱい) 걱정　**どうして** 왜　**遅(おそ)い** 늦다　**気持(きも)ち** 마음

少(すこ)し 조금

Let's write

1. 영화를 보러 같이 갈 사람이 없습니다.

2. 내일은 외식하는 날입니다. 힌트 外食(がいしょく) 외식

3. 내일 마실 우유가 없습니다. 힌트 ミルク, 牛乳(ぎゅうにゅう) 우유

4. 노트를 살 돈이 없습니다. 힌트 買(か)う 사다 お金(かね) 돈

5. 저기서 신문을 읽고 있는 사람이 다나카 씨입니다. 힌트 新聞(しんぶん)を読む 신문을 읽다

6. 저기에 울고 있는 아이가 있습니다. 힌트 あそこ 저기 泣(な)く 울다 子供(こども) 아이

7. 저기서 전화를 걸고 있는 사람은 누구입니까? 힌트 かける 걸다

8. 지금 일본 엔은 비쌀까요? 힌트 円(えん) 엔

9. 다나카 씨는 김치를 먹을까요?

10. 다나카 씨가 김치를 먹을지 잘 모르겠습니다.

Let's talk

1. 公園(こうえん)に 何人(なんにん) いますか。

2. 立(た)って いる 人は 何人 いますか。

3. 運動(うんどう)して いる 人は だれですか。

4. ラーメンを 食(た)べて いる 人は だれですか。

5. トイレに 向(む)かって いる 人は だれですか。

6. 笑(わら)って いる 人は 何人 いますか。

7. かえさんは 何を していますか。

8. お菓子(かし)を 食べて いる 人は だれですか。

9. ベンチに 座(すわ)って いる 人は 何人ですか。

10. 犬(いぬ)と いっしょに いる 人は だれですか。

●● 단어

公園(こうえん) 공원 **立(た)つ** 서다 **運動(うんどう)** 운동 **トイレ** 화장실
向(む)かう 향하다 **笑(わら)う** 웃다 **お菓子(かし)** 과자 **座(すわ)る** 앉다 **犬(いぬ)** 개
いっしょに 같이 **いる** 있다

공원에 있는 것들

ベンチ
벤치

公衆(こうしゅう)トイレ
공중화장실

鉄棒(てつぼう)
철봉

ジャングルジム
정글짐

回転(かいてん)ジャングルジム
회전 정글짐

すべり台(だい)
미끄럼틀

シーソー
시소

ぶらんこ
그네

砂場(すなば)
모래밭

うんてい
구름사다리

噴水(ふんすい)
분수

芝生(しばふ)
잔디

한자 공부

서울 경 京

음독 きょう・けい 훈독 없음

例 東京(とうきょう) 도쿄 京都(きょうと) 교토

대신할 대 代

음독 だい・tai 훈독 **か**わる・**か**える・よ・しろ

例 時代(じだい) 시대 代(か)わり 대신

살 주 住

음독 じゅう 훈독 **す**む

例 住宅(じゅうたく) 주택 住所(じゅうしょ) 주소

몸 체 体

음독 たい・てい 훈독 からだ

例 体重(たいじゅう) 체중 体育(たいいく) 체육

지을 작 作

음독 さく・さ 훈독 **つく**る

例 作文(さくぶん) 작문 動作(どうさ) 작동

제19과

クーラーを つけても いいですか。

군군일본어

제19과 | クーラーを つけても いいですか。

학습 포인트 ~し、~し
~ても いいですか
~のに
동사의 ない형
~ては いけません
~て しまう

Conversation

(水野さんの事務所(じむしょ)で)

金　水野さん、今日(きょう)は とても 暑(あつ)いし、湿度(しつど)も 高(たか)いので クーラーを つけても いいですか。

水野　はい、もちろんです。どうぞ。

(전원을 켠다.)

金　あれ。スイッチを 入(い)れたのに、クーラーが つかないです。

(김 씨가 콘센트를 만지려고 한다.)

水野　あっ、触(さわ)っては いけませんよ。感電(かんでん)して しまいますよ。

金　あ、すいません。

Grammar

1 ～し、～し　～하고 ～하고

金さんは プロゴルファーだし、美人(びじん)なので 人気(にんき)が あります。

豆腐(とうふ)は 高(たか)く ないし、カロリーも 低(ひく)いので、ダイエット食品(しょくひん)です。

私が 住(す)んで いる 町(まち)は 静(しず)かだし、交通(こうつう)も 便利(べんり)なので、ずっと ここに 住みたいです。

大阪(おおさか)は ユニバーサルスタジオも あるし、大阪城(おおさかじょう)も あるので 大好(だいす)きな ところです。

2 ～ても いいですか　～해도 됩니까?

A：この 席(せき)に 座(すわ)っても いいですか。

B：あっ、どうぞ。

단어

事務所(じむしょ) 사무실　**とても** 매우　**湿度(しつど)** 습도
クーラーをつける 냉방기를 켜다　**もちろん** 물론　**スイッチを入(い)れる** 전원을 켜다
～のに ～인데도　**つく** 켜지다　**触(さわ)る** 만지다　**～てはいけません** ～해서는 안 됩니다
感電(かんでん) 감전　**～てしまう** ～해 버리다　**美人(びじん)** 미인　**人気(にんき)** 인기
豆腐(とうふ) 두부　**低(ひく)い** 낮다　**ダイエット食品(しょくひん)** 다이어트 식품
住(す)む 살다　**町(まち)** 도시, 동네　**交通(こうつう)** 교통　**ずっと** 계속
大阪城(おおさかじょう) 오사카 성　**席(せき)** 자리　**座(すわ)る** 앉다

A：風船(ふうせん)、一(ひと)つ、もらっても いいですか。

B：はい、いいですよ。

A：ここで 写真(しゃしん)を とっても いいですか。

B：写真は ちょっと。

3 ～のに　～인데도

高橋(たかはし)さんは 女性(じょせい)なのに 力(ちから)が とても 強(つよ)いです。

家(いえ)の 中(なか)は 蒸(む)し暑(あつ)いのに 外(がい)は けっこう 涼(すず)しいです。

池(いけ)の 周(まわ)りは 危険(きけん)なのに 子供(こども)たちが 釣(つ)りを しています。

田中(たなか)さんは 兄弟(きょうだい)が 3人も いるのに いつも 一人(ひとり)で 遊(あそ)んで います。

4 동사의 ない형　～지 않다

※동사 활용연습은 부록에 있음

1그룹동사	う단 → あ단＋ない 주의 う로 끝나는 동사는 わ로 바꾼다.	読(よ)む → 読(よ)まない 行(い)く → 行(い)かない 笑(わら)う → 笑(わら)わない cf. 帰(かえ)る → 帰(かえ)らない 入(はい)る → 入(い)らない

2그룹동사	～~~る~~＋ない	起(お)きる ➡ 起(お)きない 見(み)る ➡ 見(み)ない 寝(ね)る ➡ 寝(ね)ない 食(た)べる ➡ 食(た)べない
3그룹동사	나올 때마다 암기한다	する ➡ しない 来(く)る ➡ 来(こ)ない

バスが なかなか 来(こ)ないです。

お酒(さけ)は あまり 飲(の)まないです。

朝(あさ)、髪(かみ)の 毛(け)を 洗(あら)わない 方です。

田中さんは うそを つかない 人です。

5 ～ては いけません　～해서는 안 됩니다

夜遅(よるおそ)く 人(じん)の 家(いえ)に 電話(でんわ)しては いけませんよ。

無断欠席(むだんけっせき)しては いけませんよ。

(어린이에게) 火遊(ひあそ)びを しては いけません。

단어

風船(ふうせん) 풍선　**もらう** 받다　**写真(しゃしん)をとる** 사진을 찍다　**ちょっと** 좀

なかなか 좀처럼　**髪(かみ)の毛(け)** 머리카락　**洗(あら)う** (머리를) 감다

うそをつく 거짓말하다　**夜遅(よるおそ)く** 밤늦게　**人(ひと)** 남(타인)

無断欠席(むだんけっせき) 무단결석

6 ～て しまう　～해 버리다 / ～하고 말다

昨日、学校に 遅刻して しまいました。

大好きな 歌手が 結婚して しまいました。

ついに 彼女に 告白して しまいました。

●● 단어

火遊(ひあそ)び 불장난　**遅刻(ちこく)** 지각　**歌手(かしゅ)** 가수　**結婚(けっこん)** 결혼

ついに 드디어, 결국　**告白(こくはく)** 고백

Let's write

1. 바나나는 싸고 영양도 많기 때문에 자주 먹습니다. 힌트 バナナ 바나나 栄養(えいよう) 영양

2. 경주는 불국사도 있고 석굴암도 있기 때문에 유명합니다.

힌트 慶州 경주 仏国寺(じ) 불국사 石窟庵 석굴암

3. 일본어는 한자도 많고 문법도 복잡하기 때문에 어렵습니다.

힌트 漢字(かんじ) 한자 文法(ぶんぽう) 문법 複雑(ふくざつ) 복잡

4. 다음 주에 집으로 놀러 가도 됩니까? 힌트 来週(らいしゅう) 다음 주

5. 이 팸플릿을 한 장 가져가도 됩니까?

힌트 パンフレット 팸플릿 一枚(いちまい) 한 장 持(も)っていく 가져가다

6. 수학여행에 가지 않는 학생이 많습니다. 힌트 修学旅行(しゅうがくりょこう)に行(い)く 수학여행(을) 가다

7. 일본에서는 그다지 악수를 하지 않습니다. 힌트 あまり 그다지 握手(あくしゅ) 악수

8. 중학생, 고등학생은 담배를 피워서는 안 됩니다.

힌트 中学生(ちゅうがくせい) 중학생 高校生(こうこうせい) 고등학생 たばこを吸(す)う 담배를 피우다

9. 미성년자는 술을 마셔서는 안 됩니다. 힌트 未成年者(みせいねんしゃ) 미성년자

10. 남동생을 때려 버렸습니다. 힌트 弟(おとうと) 남동생 たたく 때리다

Let's talk

■ 다음 그림을 보고 물음에 「～ては いけません」를 사용하여 대답해 봅시다.

1. 高校生は たばこを 吸っても いいですか。

2. 中学生は 化粧を しても いいですか。

3. ベンチに つばを はいても いいですか。

4. 高校生は お酒(さけ)を 飲(の)んでも いいですか。

5. 動物(どうぶつ)を たたいても いいですか。

6. 空(あ)き缶(かん)を すてても いいですか。

7. どくへびを さわっても いいですか。

●● 단어

高校生(こうこうせい) 고등학생 **たばこを吸(す)う** 담배를 피우다

中学生(ちゅうがくせい) 중학생 **化粧(けしょう)** 화장 **つばをはく** 침을 뱉다

お酒(さけ) 술 **動物(どうぶつ)** 동물 **たたく** 때리다 **空(あ)き缶(かん)** 빈 캔

すてる 버리다 **どくへび** 독사 **さわる** 만지다

Let's talk

여름에 관련된 것들

サーフィン

서핑

海水浴（かいすいよく）

해수욕

すいか割（わ）り

수박깨기

ひまわり

해바라기

浮（う）き輪（わ）

튜브

うちわ

부채

パラソル

파라솔

かき氷（ごおり）

빙수

ゴムボート

고무보트

花火（はなび）

불꽃놀이

蚊取（かと）り線香（せんこう）

모기향

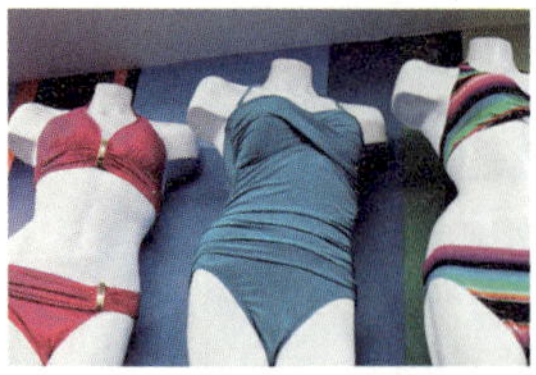

水着（みずぎ）

수영복

한자 공부

하여금 사 **使**

음독 し　훈독 **つかう**

例 使用(しよう) 사용　天使(てんし) 천사

으뜸 원 **元**

음독 がん・げん　훈독 もと

例 元気(げんき) 건강함, 기운　元日(がんじつ) 1월 1일

형 형 **兄**

음독 きょう・けい　훈독 あに

例 兄弟(きょうだい) 형제　父兄(ふけい) 부형

공평할 공 **公**

음독 こう　훈독 おおやけ

例 公園(こうえん) 공원　公立(こうりつ) 공립

베낄 사 **写**

음독 しゃ　훈독 **うつす・うつる**

例 写真(しゃしん) 사진　写生(しゃせい) 사생(스케치)

제20과

東京(とうきょう)に 大地震(だいじしん)が 来(く)ると 思(おも)います。

제20과 | 東京(とうきょう)に 大地震(だいじしん)が 来(く)ると 思(おも)います。

학습 포인트

- ～と 思います
- ～ないで ください
- 동사의 た형
- そんな
- ～ないで
- ～たら どうですか

Conversation

水野 来週(らいしゅう)、東京(とうきょう)に 大地震(だいじしん)が 来(く)ると 思(おも)います。

金　え？ 何(なに) 言(い)って いるんですか。冗談(じょうだん)を 言(い)わないで くださいよ。

水野 昨日(きのう)、夢(ゆめ)を 見(み)たんですよ。

金　そんな 夢、信(しん)じないで、気象庁(きしょうちょう)の 情報(じょうほう)を 信じたら どうですか。

水野 でも、地震(じしん)は いつ 起(お)こるか 分(わ)からないですからね。

단어

大地震(だいじしん) 대지진　**冗談(じょうだん)を言(い)う** 농담하다
夢(ゆめ)を見(み)る 꿈을 꾸다　**信(しん)じる** 믿다　**～ないで** ～지 말고
気象庁(きしょうちょう) 기상청　**情報(じょうほう)** 정보
～たらどうですか ～하면 어때요?　**でも** 하지만　**起(お)こる** 일어나다

Grammar

1 ～と 思(おも)います　～라고 생각합니다

明日(あした)は 雨(あめ)だと 思います。

井上(いのうえ)さんは かわいいと 思います。

この 建物(たてもの)は とても 丈夫(じょうぶ)だと 思います。

明日は 黄砂(こうさ)が 来(く)ると 思います。

2 ～ないで ください　～지 마세요

(의사가)　今日(きょう)から 辛(から)い ものは 食(た)べないで ください。

次(つぎ)から 遅刻(ちこく)しないで くださいね。

あまり がっかりしないで ください。来年(らいねん)が ありますよ。

단어

雨(あめ) 비　**かわいい** 귀엽다　**建物(たてもの)** 건물　**丈夫(じょうぶ)** 튼튼하다

黄砂(こうさ) 황사　**辛(から)い** 맵다　**次(つぎ)** 다음　**遅刻(ちこく)** 지각　**あまり** 너무

がっかりする 실망하다

Grammar

3 동사의 た형(과거의 기본형)　～했다

	어미	예
1그룹동사	① 어미 ～く ➡ ～いた ～ぐ ➡ ～いだ	あるく(걷다) ➡ あるいた およぐ(헤엄치다) ➡ およいだ cf. いく(가다) ➡ いった
	② 어미 ～う, ～つ, ～る ➡ ～った	いう(말하다) ➡ いった まつ(기다리다) ➡ まった すわる(앉다) ➡ すわった
	③ 어미 ～ぬ, ～む, ～ぶ ➡ ～んだ	しぬ(죽다) ➡ しんだ のむ(마시다) ➡ のんだ あそぶ(놀다) ➡ あそんだ
	④ 어미 ～す ➡ ～した	はなす(이야기하다) ➡ はなした
2그룹동사	어미 ～る ➡ た	みる(보다) ➡ みた おきる(일어나다) ➡ おきた たべる(먹다) ➡ たべた かける(걸다) ➡ かけた
3그룹동사	나올 때마다 암기한다	する(하다) ➡ した くる(오다) ➡ きた

昨日(きのう)は 友(とも)だちの ゆきちゃんに 会(あ)った。

いっしょに 映画(えいが)を 見(み)た。

その後(あと)、ハンバーグを 食(た)べに ファミリーレストランに 行(い)った。

4 そんな　그런

이런	그런	저런	어떤
こんな	そんな	あんな	どんな

こんな うわさ、絶対(ぜったい) 信(しん)じられません。

あんな うそは いつかは ばれます。

どんな 時計(とけい)が ほしいですか。

5 ～ないで　～지 말고 / ～지 않고

スマホばかり しないで、もっと 話(はなし)を しましょう。

友(とも)だちと お酒(さけ)ばかり 飲(の)まないで、勉強(べんきょう)しましょう。

田中(たなか)さんは 先生(せんせい)に 何(なに)も 言(い)わないで 家(いえ)に 帰(かえ)って しまいました。

妹(いもうと)は 朝(あさ)ごはんを 食(た)べないで 学校(がっこう)に 行(い)きました。

●● 단어

うわさ 소문　**絶対(ぜったい)** 절대　**信(しん)じる** 믿다　**うそ** 거짓말　**ばれる** 들키다
時計(とけい) 시계　**ほしい** 갖고 싶다　**～ばかり** ～만　**もっと** 더　**妹(いもうと)** 여동생
朝(あさ)ごはん 아침밥

6 ～たら どうですか　～하면 어떻습니까?

A：頭が とても 痛いです。

B：薬を 飲んだら どうですか。

A：最近、黒板の 字が よく 見えません。

B：眼科に 行ったら どうですか。

A：来年 アメリカに 留学したいです。

B：だったら、先生に 相談したら どうですか。

단어

頭(あたま) 머리　**痛(いた)い** 아프다　**薬(くすり)を飲(の)む** 약(을) 먹다
最近(さいきん) 최근　**黒板(こくばん)** 칠판　**字(じ)** 글자　**よく** 잘　**見(み)える** 보이다
眼科(がんか) 안과　**留学(りゅうがく)** 유학　**だったら** 그렇다면　**相談(そうだん)** 상담

Let's write

1. 이 가방은 김 씨 것이라고 생각합니다.

2. 전주는 맛있는 음식이 많다고 생각합니다. 힌트 チョンジュ 전주　食べ物(たべもの) 음식

3. 동경 지하철은 아주 복잡하다고 생각합니다. 힌트 地下鉄(ちかてつ) 지하철　複雑(ふくざつ)だ 복잡

4. 어제 일본어 공부를 3시간 정도 했다고 생각합니다. 힌트 ぐらい 정도

5. 위험한 곳에 가지 마세요. 힌트 危険(きけん)だ 위험하다　ところ 곳

6. 어제 일본어 단어를 50개 외웠다. 힌트 単語(たんご) 단어　覚(おぼ)える 외우다

7. 이런 이야기는 믿지 마세요.

8. 버스를 타지 않고 걸어서 학교에 갔습니다. 힌트 歩(ある)く 걷다

9. 매일 물을 2ℓ 마시면 어떻습니까? 힌트 ℓ(リットル) 리터

10. 의자에 앉아서 쉬면 어떻습니까? 힌트 座る 앉다　休(やす)む 쉬다

Let's talk

■ 다음 물음에 「～と思(おも)います」를 사용하여 대답해 보세요.

1. 明日(あした)の 天気(てんき)は どう なると 思いますか。 힌트 どう なる 어떻게 되다

はれる 개다 **くもる** 흐리다 **あめ** 비가 내리다 **ゆき** 눈이 내리다

2. (인기 연예인의 이름을 넣고) ○○さんを どう 思いますか。 힌트 どう 어떻게

かっこいい 멋있다 **ハンサムだ** 잘생겼다 **きれいだ** 예쁘다 **かわいい** 귀엽다
演技(えんぎ)がうまい 연기를 잘하다 **背(せ)が高(たか)い** 키가 크다 **スマートだ** 날씬하다
筋肉質(きんにくしつ)だ 근육질이다

3. 日本語(にほんご)は どうですか。

むずかしい 어렵다 **やさしい** 쉽다 **おもしろい** 재미있다
おもしろくない 재미없다 **文法(ぶんぽう)が 複雑(ふくざつ)だ** 문법이 복잡하다

4. あなたの 学校(がっこう)は どうですか。

とても いい 아주 좋다 **不便(ふべん)だ** 불편하다 **便利(べんり)だ** 편리하다
環境(かんきょう)がいい 환경이 좋다 **環境がわるい** 환경이 나쁘다
勉強(べんきょう)が大変(たいへん)だ 공부가 힘들다 **授業料(じゅぎょうりょう)がたかい** 수업료가 비싸다 **たのしい** 즐겁다

5. あなたの 日本語(にほんご)は どうですか。

ネイティブ・スピーカーレベルだ 원어민 수준이다
上手(じょうず)に話(はな)せる 능숙하게 이야기할 수 있다　**まだ下手(へた)だ** 아직 서투르다
少(すこ)し会話(かいわ)ができる 회화가 조금 가능하다　**ほとんど会話(かいわ)ができない** 회화를 거의 못 하다

6. みなさんの 未来(みらい)は どうですか。

あかるい 밝다　**くらい** 어둡다　**希望(きぼう)が ある** 희망이 있다
希望が ない 희망이 없다　**わからない** 모른다

기상에 관한 것

晴(は)れ 맑음	曇(くも)り 흐림	大雨(おおあめ) 큰비
大雪(おおゆき) 대설	津波(つなみ) 쓰나미	台風(たいふう) 태풍
梅雨(つゆ) 장마	霧(きり) 안개	初雪(はつゆき) 첫눈
洪水(こうずい) 홍수	山(やま)くずれ 산사태	雪崩(なだれ) 눈사태

비로소 시 始

음독 し 훈독 **はじ**まる・**はじ**まる

例 年始(ねんし) 연시 開始(かいし) 개시

편안 안 安

음독 あん 훈독 **やす**い・**やす**らか

例 治安(ちあん) 치안 安易(あんい) 안이

집 실 室

음독 しつ 훈독 없음

例 教室(きょうしつ) 교실 室内(しつない) 실내

집 가 家

음독 か 훈독 いえ・や

例 家屋(かおく) 가옥 家族(かぞく) 가족

생각 사 思

음독 **おも**う 훈독 し

例 思考(しこう) 사고 思(おも)い出(で) 추억

제21과

大学病院(だいがくびょういん)に 行った ことが ありますか。

군군일본어

제21과 | 大学病院(だいがくびょういん)に 行った ことが ありますか。

학습 포인트 ~た ことが ある
~たり ~たり
~た+명사
~ようです
~た 方(ほう)が いいです

Conversation

金　水野さんは 大学病院(だいがくびょういん)に 行った ことが ありますか。

水野　はい、一度(いちど) ありますけど、どうしたんですか。

金　昨日(きのう)、ユッケを 食べたり、刺身(さしみ)を 食べたり したんですが、
朝(あさ)から ずっと 下痢(げり)して いるんです。
昨日 食べた ものが 当(あ)たった ようです。

水野　それは、大変(たいへん)でしたね。早(はや)く 病院(びょういん)に 行った方(ほう)が いいですね。

단어

病院(びょういん) 병원　**一度(いちど)** 한 번　**刺身(さしみ)** 회　**ずっと** 계속
下痢(げり)する 설사하다　**当(あ)たる** 식중독에 걸리다　**大変(たいへん)** 힘들다
~ようだ ~인 것 같다　**早(はや)く** 빨리　**~方(ほう)がいい** ~하는 편이 좋다

Grammar

1 ～た ことが ありますか　～한 적이 있습니까?

A：日本に 行った ことが ありますか。

B：はい、日本に 行った ことが あります。

A：日本の おすしを 食べた ことが ありますか。

B：はい、一度 あります。

A：日本の 映画(えいが)を 見た ことが ありますか。

B：いいえ、一度も ありません。

2 ～たり ～たり　～하기도 하고 ～하기도 하고 / ～하거나 ～하거나

彼(かれ)は 歌手(かしゅ)だったり、俳優(はいゆう)だったり します。

3月(がつ)は 寒(さむ)かったり、暖(あたた)かかったり します。

うちの 祖父(そふ)は 元気(げんき)だったり、元気じゃ なかったり します。

日曜日(にちようび)は 友(とも)だちに 会(あ)ったり、部屋(へや)で 勉強(べんきょう)したり します。

단어

おすし 초밥　**映画(えいが)** 영화　**歌手(かしゅ)** 가수　**俳優(はいゆう)** 배우
祖父(そふ) 조부　**部屋(へや)** 방

3 ～た＋명사　～한 명사

昨日(きのう)、私が 話(はな)した 話(はなし)を 覚(おぼ)えていますか。

昨日 食べた ステーキが とても おいしかったです。

田中さんと 会った 日(ひ)は 8月14日です。

4 ～ようです　～인 것 같다

明日(あした)は 雪(ゆき)の ようです。

あの 店(みせ)は おいしい ようです。

おじいさんは 元気(げんき)な ようです。

事故(じこ)が あった ようです。

5 ～く / ～に　～하게 (い형용사의 부사형)

この おもちゃ、安(やす)く 買(か)いました。

飛行機(ひこうき)が 遅(おそ)く 着(つ)きました。

子供(こども)が 大(おお)きく なりました。

●● 단어

話(はな)す 이야기하다　**話(はなし)** 이야기　**覚(おぼ)える** 기억하다, 외우다　**日(ひ)** 날

雪(ゆき) 눈　**事故(じこ)** 사고　**おもちゃ** 장난감　**飛行機(ひこうき)** 비행기

遅(おそ)い 늦다　**着(つ)く** 도착하다　**子供(こども)** 아이

もう 少(すこ)し 静(しず)かに して ください。

お客様(きゃくさま)には 親切(しんせつ)に しましょう。

元気(げんき)に 歌(うた)いましょう。

6 ～た方(ほう)が いいです　～하는 편이 좋습니다

会議(かいぎ)は 火曜日(かようび)の 方が いいです。

コーヒーは 濃(こ)い 方が いいです。

住(す)む ところは 交通(こうつう)が 便利(べんり)な 方が いいです。

急(いそ)ぐ 時(とき)は バスより タクシーに 乗(の)った 方が いいです。

단어

もう少(すこ)し 좀 더　**静(しず)か** 조용함　**お客様(きゃくさま)** 고객　**親切(しんせつ)** 친절
元気(げんき)に 힘차게　**歌(うた)う** 노래 부르다　**会議(かいぎ)** 회의　**濃(こ)い** 진하다
住(す)む 살다　**交通(こうつう)** 교통　**急(いそ)ぐ** 서두르다　**時(とき)** 때

Let's write

1. 제주도에 간 적이 있습니까? 힌트 済州道 제주도

2. 부산의 돼지국밥을 먹은 적이 있습니까? 힌트 豚(ぶた)クッパ 돼지국밥

3. 주식은 오르기도 하고 내려가기도 합니다.
힌트 株 주식 上(あ)がる 오르다 下(さ)がる 내려가다

4. 수학 문제는 쉽기도 하고 어렵기도 합니다. 힌트 数学(すうがく) 수학 問題(もんだい) 문제

5. 어제 사진을 찍은 곳은 어디입니까? 힌트 写真(しゃしん)をとる 사진을 찍다

6. 어제 일어난 시간은 6시였습니다. 힌트 時間(じかん) 시간

7. 택배가 온 것 같습니다. 힌트 宅急便(たっきゅうびん) 택배

8. 일본 교통비가 한국 교통비보다 훨씬 비싼 것 같습니다.
힌트 交通費(こうつうひ) 교통비 ずっと 훨씬

9. 바쁠 때는 밥보다 컵라면을 먹는 편이 좋습니다. 힌트 カップラーメン 컵라면

10. 녹차는 싱거운 차보다 진한 차가 좋습니다. 힌트 緑茶(りょくちゃ) 녹차 うすい 싱겁다 お茶 차

Let's talk

1. あなたは 外国(がいこく)に 行(い)った ことが ありますか。

2. あなたは 日本(にほん)の 料理(りょうり)を 食べた ことが ありますか。

3. あなたは 日本の 映画(えいが)を 見た ことが ありますか。

4. あなたは 日本の ビールを 飲んだ ことが ありますか。

5. 週末(しゅうまつ)は どんな ことを しますか。(「~たり~たり」를 사용하여 말해 보세요.)

6. 夏休(なつやす)み(冬休(ふゆ)み)は どう 過ごしますか。(「~たり~たり」를 사용하여 말해 보세요.)

7. 今まで 見た 映画や ドラマの 中で どんな ものが よかったですか。

●● 단어

外国(がいこく) 외국　**料理(りょうり)** 요리　**映画(えいが)** 영화　**週末(しゅうまつ)** 주말
夏休(なつやす)み 여름방학　**冬休(ふゆやす)み** 겨울방학　**どう** 어떻게　**過(す)ごす** 지내다

8. 今まで 食べた ものの 中で どんな ものが おいしかったですか。

9. もっと やせたいんですが。(「~た方(ほう)が いいです」를 사용하여 말해 보세요.)

10. もっと 太(ふと)りたいんですが。(「~た方(ほう)が いいです」를 사용하여 말해 보세요.)

●● 단어

もっと 더 **やせる** 살이 빠지다 **太(ふと)る** 살이 찌다

병원에 관한 것

注射を打つ(ちゅうしゃ う) 주사를 놓다	入院する(にゅういん) 입원하다	退院する(たいいん) 퇴원하다
治療する(ちりょう) 치료하다	診察する(しんさつ) 진찰하다	病室(びょうしつ) 병실
内科(ないか) 내과	外科(げか) 외과	小児科(しょうにか) 소아과
歯科(しか) 치과	耳鼻科(じびか) 이비인후과	産婦人科(さんふじんか) 산부인과

겨울 동 冬冬冬冬冬冬

음독 とう 훈독 ふゆ

例 冬至(とうじ) 동지 冬眠(とうみん) 동면

끊을 절 切切切切切

음독 せつ・さい 훈독 **き**る・**き**れる

例 親切(しんせつ) 친절 一切(いっさい) 일절

힘 력 力力力

음독 りょく・りき 훈독 ちから

例 体力(たいりょく) 체력 実力(じつりょく) 실력

마당 장 場場場場場場場場場場場場場

음독 じょう 훈독 ば

例 運動場(うんどうじょう) 운동장 場所(ばしょ) 장소

팔 매 売売売売売売売売

음독 ばい 훈독 **う**る・**う**れる

例 販売(はんばい) 판매 売(う)り上(あ)げ 매상

제22과

その 背広(せびろ)、高(たか)そうですね。

군군일본어

제22과 | その 背広(せびろ)、高(たか)そうですね。

학습 포인트 ●● い형용사+そうです　　동사의 의지형
そんなに
~と(가정형)
~と 言います

Conversation

金　わー、かっこいい 背広(せびろ)。高(たか)そうですね。

水野　いえ、いえ。そんなに 高く ないですよ。

金　水野さんが その 背広を 着(き)ると まるで 俳優(はいゆう)の ようです。

水野　「馬子(まご)にも 衣装(いしょう)」と 言(い)いますからね。

金　私も 給料(きゅうりょう)を もらった 後(あと)で 新(あたら)しい 服(ふく)を 買(か)おうかな。

●● 단어

かっこいい 멋있다　**背広(せびろ)** 양복　**~そうです** ~ㄹ 것 같다　**そんなに** 그렇게
~と ~하면　**まるで** 마치　**俳優(はいゆう)** 배우
馬子(まご)にも 衣装(いしょう) 옷이 날개　**~と 言(い)う** ~라고 하다
給料(きゅうりょう) 월급　**もらう** 받다　**~た後(あと)で** ~한 후에　**買(か)おうかな** 살까

Grammar

1 い형용사 ~~い~~+そうです　~인 것 같다 / ~일 것 같다

この ラーメン、おいしそうですね。

あの お弁当(べんとう)、おいしく なさそうですね。

明日(あした)の 天気(てんき)は よさそうですね。

明日の 天気は よくなさそうですね。

おいしそうな ケーキですね。

cf. 来週(らいしゅう)の 会議(かいぎ)は なさそうです。

2 そんなに　그렇게

이렇게	그렇게	저렇게	어떻게
こんなに	そんなに	あんなに	どんなに

アイスクリームを こんなに たくさん 買ったんですか。

日本語(にほんご)は そんなに 難(むずか)しく ないですよ。

あんなに 努力(どりょく)したのに だめでした。

●● 단어

お弁当(べんとう) 도시락　**天気(てんき)** 날씨　**会議(かいぎ)** 회의　**たくさん** 많이
努力(どりょく) 노력

3 ～と　～하면

学生(がくせい)だと 割引(わりびき)に なります。

空気(くうき)が 悪(わる)いと せきが 出(で)ます。

部屋(へや)が きれいだと 気分(きぶん)も いいです。

まっすぐ 行(い)くと 右側(みぎがわ)に 交番(こうばん)が あります。

4 ～と いいます　～라고 합니다

私の 下(した)の 名前(なまえ)は「しのぶ」と 言(い)います。

日本語(にほんご)の「タンス」は 韓国語(かんこくご)では 「オッチャン」と 言います。

「三木(みき)」と いう 方(かた)から 電話(でんわ)が ありました。

5 동사의 의지형　～하자 / ～하려고

1그룹동사	う단 ➡ お단＋う	読(よ)む ➡ 読(よ)もう 行(い)く ➡ 行(い)こう 笑(わら)う ➡ 笑(わら)おう cf. 帰(かえ)る ➡ 帰(かえ)ろう　入(はい)る ➡ 入(はい)ろう
2그룹동사	～~~る~~ ➡ ＋よう	起(お)きる ➡ 起(お)きよう 見(み)る ➡ 見(み)よう 寝(ね)る ➡ 寝(ね)よう 食(た)べる ➡ 食(た)べよう
3그룹동사	나올 때마다 암기한다	する ➡ しよう　来(く)る ➡ 来(こ)よう

じゃ、食べよう！

ちょっと 休もう！

明日から ダイエットしようと 思います。

週末、動物園に 行って 来ようと 思っています。

だれかが ドアを 開けようと しています。

6 ～た後(で) / する前に　～한 후에 / ～하기 전에

外で 遊んだ 後、手を 洗いましょう。

ご飯を 食べた 後、必ず コーヒーを 飲みます。

飛行機に 乗る 前に トイレに 行って きます。

寝る 前に シャワーを 浴びます。

단어

割引(わりびき) 할인　**～に なる** ～이 되다　**空気(くうき)** 공기　**悪(わる)い** 나쁘다
せき 기침　**出(で)る** 나다　**部屋(へや)** 방　**気分(きぶん)** 기분　**まっすぐ** 곧바로
右側(みぎがわ) 우측　**交番(こうばん)** 파출소　**名前(なまえ)** 이름　**タンス** 장롱
方(かた) 분　**電話(でんわ)** 전화　**シャワーを浴(あ)びる** 샤워하다　**週末(しゅうまつ)** 주말
動物園(どうぶつえん) 동물원　**開(あ)ける** 열다　**～ようと する** ～하려고 하다
外(そと) 밖　**手(て)** 손　**洗(あら)う** 씻다　**必(かなら)ず** 반드시　**飛行機(ひこうき)** 비행기

Let's write

1. 여기 온천은 뜨거울 것 같습니다. 힌트 温泉 온천

2. 중국어는 어려울 것 같습니다. 힌트 中国語 중국어

3. 김 씨는 이 요리를 먹고 싶지 않은 것 같습니다. 힌트 ～たい ～고 싶다

4. 그렇게 무리하지 마세요. 힌트 無理 무리

5. 안에 들어가면 우측에 화장실이 있습니다. 힌트 入る 들어가다 トイレ 화장실

6. 택시를 타면 빨리 갈 수 있습니다. 힌트 タクシー 택시 はやく 빨리

7. 오코노미야끼라는 음식을 압니까? 힌트 お好み焼き 오코노미야끼 食べ物 음식

8. 일본어로 가방은 한국어도 가방이라고 합니다.

9. 운동장을 뛰고 오자. 힌트 運動場 운동장 走る 뛰다

10. 오늘 백화점에서 옷을 사려고 생각합니다. 힌트 デパート 백화점 服 옷

Let's talk

1. 明日(あした)の 天気(てんき)は どう なると 思(おも)いますか。

(「~そうです」를 사용하여 대답해 보세요.)

2. あなたは 夕(ゆう)ご飯(はん)を 食(た)べた後、何を しますか。

3. 毎晩(まいばん)、寝(ね)る前に 何を しますか。

4. 人間(にんげん)は お水(みず)を 飲(の)まないと どうなりますか。

5. あなたは 今日(きょう)の 授業(じゅぎょう)が 終(お)わったら 何(なに)を しようと 思(おも)いますか。(思って いますか)

●● 단어

明日(あした) 내일 **天気(てんき)** 날씨 **夕(ゆう)ご飯(はん)** 저녁밥
毎晩(まいばん) 매일 밤 **人間(にんげん)** 인간 **お水(みず)** 물 **授業(じゅぎょう)** 수업
終(お)わる 끝나다

Let's talk

6. あなたは 今日の 夕ご飯は 何を 食べようと 思いますか。(思っていますか)

7. あなたは 今週末は 何を しようと 思いますか。(思っていますか)

8. 韓国語で 「병원」は 日本語で 何と 言いますか。

9. 韓国語で 「옷장」は 日本語で 何と 言いますか。

10. 韓国語で 「마술사」は 日本語で 何と 言うか 知って いますか。

단어

今週末(こんしゅうまつ) 이번 주말　**知(し)っている** 알고 있다

의류에 관한 것

 ようふく 洋服 옷	 せびろ 背広 양복(남자)	 スーツ 정장(남녀)
 ジャンバー 점퍼	 ジーパン 청바지	 ワンピース 원피스
 スカート 치마	 コート 코트	 セーター 스웨터
 ティーシャツ 티셔츠	 ズボン 바지	 ワイシャツ 와이셔츠

땅 지 地

음독 じ・ち 훈독 없음

例 土地(とち) 토지 地震(じしん) 지진

인원 원 員

음독 いん 훈독 없음

例 銀行員(ぎんこういん) 은행원 職員(しょくいん) 직원

그림 도 図

음독 と・ず 훈독 **はかる**

例 図書館(としょかん) 도서관 設計図(せっけいず) 설계도

한 가지 동 同

음독 どう 훈독 **おなじ**

例 同時(どうじ) 동시 同意(どうい) 동의

여름 하 夏

음독 か 훈독 なつ

例 夏休(なつやす)み 여름방학 夏季(かき) 하계

제23과

風邪(かぜ)に 気(き)を つけなければ なりませんね。

군군일본어

제23과 | 風邪(かぜ)に 気(き)を つけなければ なりません ね。

학습 포인트 ●● ~く なる/~に なる
~なければ なりません
~の ために
~て おく
~だけ
な형용사+そうです

Conversation

金　最近(さいきん)、朝晩(あさばん) 寒(さむ)く なりましたね。

水野　そうですね。風邪(かぜ)に 気(き)を つけなければ なりませんね。
金さんは 風邪の 予防(よぼう)の ために 何(なに)か して いますか。

金　はい、毎日(まいにち) フィットネスクラブに 通(かよ)って います。だから、
体(からだ)が とても 丈夫(じょうぶ)に なりましたよ。

水野　僕(ぼく)も 健康(けんこう)の ために ビタミンCを 買(か)って おきました。これで
大丈夫(だいじょうぶ)そうです。

金　えっ、それだけですか。

Grammar

1 ～く なる / ～に なる　～해지다 / ～하게 되다

塩(しお)を たくさん 入(い)れると しょっぱく なります。

野菜(やさい)が 一年前(いちねんまえ)より 少(すこ)し 安(やす)く なりました。

金さんは 日本語(にほんご)が かなり 上手(じょうず)に なりました。

新(あたら)しい駅(えき)が できて、便利(べんり)に なりました。

2 ～なければ なりません　～하지 않으면 안 됩니다

ここは 高速道路(こうそくどうろ)なので 100キロで 走(はし)らなければ なりません。

約束(やくそく)が あるので、今(いま) 会社(かいしゃ)を 出(で)なければ なりません。

コンピューターの 資格(しかく)を 持(も)って いなければ なりません。

●● 단어

最近(さいきん) 최근　**朝晩(あさばん)** 아침저녁　**風邪(かぜ)** 감기　**気(き)をつける** 조심하다
～なければなりません ～하지 않으면 안 됩니다　**予防(よぼう)** 예방
～のために ～를 위해서　**フィットネスクラブ** 피트니스클럽　**通(かよ)う** 다니다
だから 그러니까　**体(からだ)** 몸　**とても** 아주　**丈夫(じょうぶ)** 튼튼함
～になる ～이 되다　**健康(けんこう)** 건강　**～ておく** ～해 두다
大丈夫(だいじょうぶ) 괜찮다　**～だけ** ～뿐, ～만　**塩(しお)** 소금　**入(い)れる** 넣다
野菜(やさい) 야채　**一年前(いちねんまえ)** 1년 전　**少(すこ)し** 조금
上手(じょうず) 잘하다　**新(あたら)しい** 새롭다　**駅(えき)** 역　**できる** 생기다
高速道路(こうそくどうろ) 고속도로　**走(はし)る** 달리다　**約束(やくそく)** 약속
出(で)る 나가다　**資格(しかく)** 자격(증)　**持(も)つ** 가지다

3 ～の ために　～를 위해서

結婚の ために 毎月 貯金して います。

日本語能力試験の ために 一生懸命 勉強して います。

娘は おじいちゃん、おばあちゃんの ために ジャンバーを 買いました。

cf. コンサートを 見る ために 東京まで 行きました。

4 ～て おく　～해 두다

メモ用紙に メモして おきましょう。

今晩 友だちが 来るので ビールを 買って おきました。

カレーを 作るために 野菜を 切って おきました。

●● 단어

結婚(けっこん) 결혼　**毎月(まいつき)** 매월　**貯金(ちょきん)** 저금　**能力(のうりょく)** 능력
試験(しけん) 시험　**一生懸命(いっしょうけんめい)** 열심히　**勉強(べんきょう)** 공부
娘(むすめ) 딸　**おじいちゃん** 할아버지　**おばあちゃん** 할머니　**買(か)う** 사다
メモ用紙(ようし) 메모지　**今晩(こんばん)** 오늘 밤　**野菜(やさい)** 야채　**切(き)る** 자르다

5 な형용사 어간＋そうです　~인 것 같습니다 / ~일 것 같습니다

隣(となり)の おじいさんは いつも 元気(げんき)そうです。

この ソファーは 楽(らく)そうです。

あの 学生(がくせい)は とても 素直(すなお)そうです。

6 ~だけ　~뿐 / ~만

彼(かれ)が 落(お)とした ものは 財布(さいふ)だけでは ありませんでした。

これだけで 一万円(まんえん)も するんですか。

私が できる 語学(ごがく)は 英語(えいご)だけです。

●● 단어

隣(となり) 이웃, 옆　**いつも** 항상　**楽(らく)** 편안함　**素直(すなお)** 순진함, 순수함

落(お)とす 떨어뜨리다　**財布(さいふ)** 지갑　**語学(ごがく)** 어학　**英語(えいご)** 영어

Let's write

1. 에어컨을 켜면 시원해집니다. 힌트 エアコン 에어컨 つける 켜다

2. 매일 운동을 하면 건강해집니다. 힌트 運動(うんどう) 운동

3. 오늘 중에 단어를 30개 외우지 않으면 안 됩니다. 힌트 単語(たんご) 단어 覚(おぼ)える 외우다

4. 나는 매일 아침 이 약을 먹어야 합니다. 힌트 毎朝 매일 아침 薬を飲(の)む 약(을) 먹다

5. 나의 미래를 위해서 영어를 배우고 있습니다. 힌트 未来(みらい) 미래 習(なら)う 배우다

6. 배를 타기 전에 약을 먹어 놓았습니다. 힌트 船(ふね) 배

7. 축구하기 전에 준비 운동을 해 둡시다. 힌트 サッカー 축구

8. 저기 레스토랑 사장님은 친절할 것 같습니다. 힌트 レストラン 레스토랑 社長(しゃちょう) 사장님

9. 이 손목시계는 튼튼한 것 같습니다. 힌트 腕時計(うでどけい) 손목시계

10. 내일 도장만 가져오세요. 힌트 はんこ 도장 持(も)ってくる 가져오다

Let's talk

1. 明日は 何時に 起きなければ なりませんか。

2. 日本語が 上手に なりましたか。

3. 日本語の 授業は 何時まで しなければ なりませんか。

4. あなたの 学校の 授業料は いくら 払わなければ なりませんか。

5. 韓国の 小学校は 何年間 通わなければ なりませんか。

6. あなたの スマートフォンの 料金は 一か月 いくらぐらい 払わなければ なりませんか。

●● 단어

何時(なんじ) 몇 시　**起(お)きる** 일어나다　**上手(じょうず)** 잘하다　**授業(じゅぎょう)** 수업
学校(がっこう) 학교　**授業料(じゅぎょうりょう)** 수업료　**払(はら)う** 지불하다
小学校(しょうがっこう) 초등학교　**何年間(なんねんかん)** 몇 년간　**通(かよ)う** 다니다
一(いっ)か月(げつ) 1개월

Let's talk

7. あなたは 健康(けんこう)の ために 何(なに)を して いますか。

8. やせる ためには 何を しなければ なりませんか。

9. 会社(かいしゃ)に 入(はい)る 前(まえ)に 何を して おかなかれば なりませんか。

10. 芸能人(げいのうじん)の 中(なか)で だれが 素直(すなお)そうですか。

●● 단어

健康(けんこう) 건강　**やせる** 살이 빠지다　**会社(かいしゃ)** 회사　**入(はい)る** 들어가다
芸能人(げいのうじん) 연예인

신체 부위에 관한 것

顔(かお) 얼굴	首(くび) 목	頭(あたま) 머리
肩(かた) 어깨	胸(むね) 가슴	腕(うで) 팔
手(て) 손	足(あし) 다리, 발	お尻(しり) 엉덩이
ひざ 무릎	背中(せなか) 등	おなか 배

저녁 석 夕

음독 없음 훈독 ゆう

例 夕方(ゆうがた) 해질녘 夕(ゆう)ご飯(はん) 저녁식사

많을 다 多

음독 た 훈독 **おお**い

例 最多(さいた) 최다 過多(かた) 과다

밤 야 夜

음독 や 훈독 よる・よ

例 深夜(しんや) 심야 夜道(よみち) 밤길

윗누이 자 姉

음독 し 훈독 あね・ねえ(さん)

例 姉妹(しまい) 자매 お姉(ねえ)さん 누나, 언니

누이 매 妹

음독 まい 훈독 いもうと

例 三人姉妹(さんにんしまい) 세 자매 妹さん (남의) 여동생

제24과

ガイドブックは もう 買(か)って あります。

군군일본어

제24과 | ガイドブックは もう 買(か)って あります。

학습 포인트 ～なら / ～ば / ～て ある / ～のは / ～なくても いい / ～ことが できる

Conversation

水野 金さん、韓国(かんこく)に 旅行(りょこう)に 行(い)きたいんですが、どこに 行けば いいですか。

金 初(はじ)めての 韓国旅行なら ソウルが いいと 思います。

水野 一応(いちおう) ガイドブックも もう 買(か)って あるんですが、一人(ひとり)で 行くのは ちょっと 心配(しんぱい)です。

金 でも、心配しなくても いいですよ。一人でも 十分(じゅうぶん) 旅行する ことが できますよ。

단어

旅行(りょこう) 여행 **～ばいい** ～하면 좋다 **初(はじ)めて** 처음, 첫 **～なら** ～한다면
一応(いちおう) 일단 **ガイドブック** 가이드북 **もう** 벌써 **買(か)う** 사다
～てある ～해져 있다 **一人(ひとり)で** 혼자서 **ちょっと** 좀, 조금 **心配(しんぱい)** 걱정
～なくてもいい ～하지 않아도 좋다 **十分(じゅうぶん)** 충분히
～することができる ～할 수 있다

Grammar

1 ～ば　～하면

安ければ 買いますが、安く なければ 買いません。

質問が なければ 今日の 授業は 終わりに します。

東京病院に 行きたいんですが、どうやって 行けば いいですか。

この薬を 飲めば すぐ よくなりますよ。

2 ～なら　～한다면 / ～라면

A：金さん、トイレは どこですか。

B：トイレなら 階段の 下に ありますよ。

A：今日は とても 寒いですね。

B：寒いなら 私の ジャンバーを 貸しましょうか。

A：今日は 黄砂が ひどいですね。

B：心配なら マスクしたら どうですか。

●● 단어

質問(しつもん) 질문　**授業(じゅぎょう)** 수업　**終(お)わる** 끝나다, 끝내다

薬(くすり)を飲(の)む 약을 먹다　**すぐ** 곧　**よくなる** 좋아지다　**階段(かいだん)** 계단

黄砂(こうさ) 황사　**ひどい** 심하다　**心配(しんぱい)** 걱정　**マスク** 마스크

A：今(いま)から 郵便局(ゆうびんきょく)に 行(い)って きます。

B：郵便局に 行くなら ついでに この手紙(てがみ)も お願(ねが)いします。

3 ～てある　～해져 있다 / ～해 놓다

校舎(こうしゃ)の ドアが 開(あ)けて あります。

部屋(へや)に 写真(しゃしん)が かけて あります。

お肉(にく)は もう 冷蔵庫(れいぞうこ)に 入(い)れて あります。

4 ～のは　～(하는) 것은

漢字(かんじ)を 覚(おぼ)える のは 難(むずか)しいです。

車(くるま)を 運転(うんてん)する のは 簡単(かんたん)です。

夜道(よみち)を 一人(ひとり)で 歩(ある)く のは 怖(こわ)いです。

단어

郵便局(ゆうびんきょく) 우체국　**ついでに** 내친김에　**手紙(てがみ)** 편지

お願(ねが)いします 부탁합니다　**校舎(こうしゃ)** 교사(건물)　**開(あ)ける** 열다

部屋(へや) 방　**写真(しゃしん)** 사진　**かける** 걸다　**お肉(にく)** 고기　**もう** 벌써

冷蔵庫(れいぞうこ) 냉장고　**入(い)れる** 넣다　**漢字(かんじ)** 한자　**覚(おぼえ)える** 외우다

難(むずか)しい 어렵다　**運転(うんてん)** 운전　**簡単(かんたん)** 간단함　**夜道(よみち)** 밤길

歩く(あるく) 걷다　**怖(こわ)い** 무섭다

5 ～なくても いい　～하지 않아도 되다

無理(むり)して 食(た)べなくても いいですよ。

うちの 会社(かいしゃ)は ネクタイを しめなくても いいです。

明日(あした)から 病院(びょういん)に 来(こ)なくても いいですよ。

6 ～ことが できます　～할 수 있습니다

私は 一輪車(いちりんしゃ)に 乗(の)る ことが できます。

田中(たなか)さんは スペイン語(ご)と ドイツ語で 話(はな)す ことが できます。

うちの ４才(さい)の 娘(むすめ)は 一人(ひとり)で 服(ふく)を 着替(きが)える ことが できます。

단어

無理(むり)する 무리하다　**しめる** 매다　**病院(びょういん)** 병원

一輪車(いちりんしゃ) 외발자전거　**スペイン語(ご)** 스페인어　**ドイツ語(ご)** 독일어

話(はな)す 이야기하다　**娘(むすめ)** 딸　**一人(ひとり)で** 혼자서

服(ふく)を着替(きが)える 옷을 갈아입다

Let's write

1. 이 사이즈가 있으면 사겠지만 없으면 사지 않겠습니다. 힌트 サイズ 사이즈

2. 이 두껑, 어떻게 열면 되나요? 힌트 ふた 뚜껑 開ける(あ) 열다

3. 저라면 이 색깔을 고를 겁니다. 힌트 色(いろ) 색깔 選ぶ(えら) 고르다

4. 서류는 가방 안에 넣어 놨습니다. 힌트 書類(しょるい) 서류

5. 에어컨이 켜져 있습니다. 힌트 エアコン 에어컨 つける 켜다

6. 시골에서 혼자 사는 것은 힘듭니다. 힌트 田舎(いなか) 시골 住む 살다 大変(たいへん) 힘들다

7. 지금 바로 컴퓨터를 사는 것은 어렵습니다. 힌트 すぐ 바로 コンピューター 컴퓨터

8. 내일은 학교에 가지 않아도 되는 날입니다. 힌트 日(ひ) 날

9. 저는 탕수육을 만들 수 있습니다. 힌트 酢豚(すぶた) 탕수육

10. 저는 일본 노래를 10곡 부를 수 있습니다. 힌트 歌(うた)を歌(うた)う 노래(를) 부르다 曲(きょく) 곡

Let's talk

1. かばん(時計、車、スマートフォン)を 買うなら どんな ものを 買いますか。

2. 時間と お金が あれば 何が したいですか。

3. 結婚するなら 何才 ぐらいで したいですか。

4. 海外旅行に 行くなら どこに 行きたいですか。

5. シャワーを 浴びるなら 朝が いいですか、夜が いいですか。

6. 今 あなたの 机の 上に 何が 置いて ありますか。

●● 단어

時計(とけい) 시계　**時間(じかん)** 시간　**お金(かね)** 돈　**結婚(けっこん)** 결혼

何才(なんさい) 몇 살　**海外旅行(かいがいりょこう)** 해외여행　**朝(あさ)** 아침

夜(よる) 밤　**机(つくえ)** 책상　**置(お)く** 두다

7. あなたは どんな スポーツを する こと できますか。

8. あなたは どんな 料理(りょうり)を 作(つく)る ことが できますか。

9. あなたは 一輪車(いちりんしゃ)に 乗(の)る ことが できますか。

10. あなたは 100メートルを 12秒台(びょうだい)で 走(はし)る ことが できますか。

●● 단어

メートル 미터　**秒台(びょうだい)** ～초대(시간 단위)　**走(はし)る** 달리다

여행에 관한 것

かいがいりょこう
海外旅行
해외여행

こくないりょこう
国内旅行
국내여행

じゅうでんき
充電器
충전기

キャリーバッグ
캐리어

パスポート
여권

ちず
地図
지도

パジャマ
잠옷

サングラス
선글라스

ウェットティッシュ
물티슈

ガイドブック
가이드북

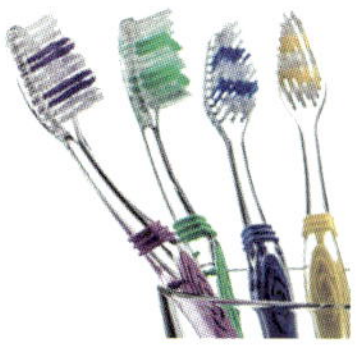

は
歯ブラシ
칫솔

はみがこ
歯磨き粉
치약

돌아갈 귀 **帰** 

음독 き　훈독 **かえる**

例 帰国(きこく) 귀국　復帰(ふっき) 복귀

넓을 광 **広** 

음독 こう　훈독 **ひろい**

例 広場(ひろば) 광장　広大(こうだい) 광대

법도 도 **度** 

음독 ど・と　훈독 たび

例 温度(おんど) 온도　程度(ていど) 정도

아우 제 **弟** 

음독 だい・てい　훈독 おとうと

例 兄弟(きょうだい) 형제　弟(おとうと)さん (남의) 남동생

마음 심 **心** 

음독 しん　훈독 こころ

例 関心(かんしん) 관심　心配(しんぱい) 걱정

제25과

水野さん、ソウルに住む つもりですか。

제25과 | 水野さん、ソウルに住むつもりですか。

학습 포인트
- ～そうだ(전문)
- ～かも 知れない
- ～そうだ(양태)
- ～のに
- ～つもり
- ～はずが ない

Conversation

水野 金さん、ソウルは 日本より 物価が 安い そうですが、本当ですか。

金 交通費は 日本より 安い かも 知れませんが、全体的に 見れば そうでも ないです。

水野 老後、住めそうな 都市だと 思って いたのに。

金 え？水野さん、ソウルに 住む つもりですか。

水野 冗談ですよ。住める はずが ないですよ。ビザが 出ませんから。

단어

物価(ぶっか) 물가　**～そう** ～라고 하다　**本当(ほんとう)** 정말　**交通費(こうつうひ)** 교통비
～かも知(し)れない ～일지도 모르다　**全体的(ぜんたいてき)** 전체적
そうでもない 그렇지도 않다　**老後(ろうご)** 노후　**住(す)む** 살다　**～そうな** ～할 것 같은
都市(とし) 도시　**～のに** ～인데　**～つもり** ～할 작정　**冗談(じょうだん)** 농담
～はずがない ～일 리가 없다

Grammar

1 ～そうです　～라고 합니다

明日(あした)は 晴(は)れだ そうです。

この 和菓子(わがし)は とても 甘(あま)い そうです。

あそこの お店(みせ)は とても 不親切(ふしんせつ)だ そうです。

母(はは)の 家(いえ)に ゴキブリが 出(で)る そうです。

2 ～かも 知(し)れません　～일지도 모릅니다

この 木(き)は 桜(さくら)かも 知れません。

この ゼリーは すっぱいかも 知れません。

この 数学(すうがく)の 問題(もんだい)は 複雑(ふくざつ)かも 知れません。

この 動物(どうぶつ)は 人(ひと)を かむかも 知れません。

●● 단어

出(で)る 나오다, 나가다　**晴(は)れ** 맑음　**和菓子(わがし)** 화과자
不親切(ふしんせつ) 불친절함　**ゴキブリ** 바퀴벌레　**出(で)る** 나오다　**木(き)** 나무
桜(さくら) 벚꽃　**数学(すうがく)** 수학　**問題(もんだい)** 문제　**複雑(ふくざつ)** 복잡
動物(どうぶつ) 동물　**人(ひと)** 사람　**かむ** 물다

3 ます형+そうです　~할 것 같습니다

今日(きょう)は 残業(ざんぎょう)が ありそうです。

かばんが 落(お)ちそうです。

試験(しけん)に 合格(ごうかく)しそうに(も)ないです。

この料理(りょうり)は できなさそうです。

4 ~つもりだ　~할 작정이다

私は 明日(あした) 釜山(ぷさん)に 行く つもりです。

金さんは いつ 結婚(けっこん)する つもりですか。

私は 結婚する つもりは ありません。

5 ~はずが ありません　~일 리가 없습니다

どう 見(み)ても あの 人(ひと)が 男(おとこ)の はずが ありません。

10年(ねん) 乗(の)った 中古車(ちゅうこしゃ)が 高(たか)い はずが ありません。

仕事(しごと)が 多(おお)い 彼(かれ)が 暇(ひま)な はずが ありません。

まだ 9時(じ)なのに 寝(ね)る はずが ありません。

●● 단어

残業(ざんぎょう) 잔업　**晴(は)れる** (날씨가) 개다　**落(お)ちる** 떨어지다

試験(しけん) 시험　**合格(ごうかく)** 합격　**料理(りょうり)** 요리　**できる** 할 수 있다

結婚(けっこん) 결혼　**男(おとこ)** 남자　**中古車(ちゅうこしゃ)** 중고차

仕事(しごと) 일(업무)　**多(おお)い** 많다　**暇(ひま)** 한가함

Let's write

1. 다음 주부터 여름방학이라고 합니다. 힌트 来週(らいしゅう) 다음 주

2. 저 술집은 싸지 않다고 합니다. 힌트 飲(の)み屋(や) 술집

3. 아몬드는 몸에 좋을지도 모릅니다. 힌트 アーモンド 아몬드　体(からだ) 몸

4. 다카하시 씨는 위에 언니가 있을지도 모릅니다. 힌트 高橋 다카하시　お姉(ねえ)さん 언니

5. 내일은 추워질 것 같습니다.

6. 이 바지가 맞을 것 같습니다. 힌트 ズボン 바지　合(あ)う 맞다

7. 감기에 걸렸는데도 김 씨는 술을 마시고 있습니다. 힌트 風邪(かぜ)を引(ひ)く 감기에 걸리다

8. 내일은 오후에 학교에 갈 작정입니다.

9. 저는 대학에 갈 생각은 없습니다.

10. 그는 미국에서 태어났기 때문에 영어를 못 할 리가 없습니다.
힌트 アメリカ 미국　生(う)まれる 태어나다　できない 못 하다

Let's talk

1. 今日(きょう)は 何度(なんど)まで 上(あ)がりますか。(「~そうです」를 사용하여 대답해 봅시다.)

2. 明日(あした)の 天気(てんき)は どうですか。(「~そうです」를 사용하여 대답해 봅시다.)

3. ペヨンジュンは 何才(なんさい)ですか。(「~そうです」를 사용하여 대답해 봅시다.)

4. 日本語(にほんご)の 先生(せんせい)の 背(せ)は 何(なん)センチですか。

5. ソウルの 人口(じんこう)は どのぐらいですか。

6. 東京(とうきょう)までの 飛行機代(ひこうきだい)は いくらぐらいですか。

●● 단어

何度(なんど) 몇 도 **上(あ)がる** 오르다 **天気(てんき)** 날씨 **何才(なんさい)** 몇 살
背(せ) 키 **何(なん)センチ** 몇 센티미터 **人口(じんこう)** 인구 **東京(とうきょう)** 도쿄
飛行機代(ひこうきだい) 비행기 요금 **いくらぐらい** 얼마 정도

7. あなたは 今日の 夜、お酒を 飲む つもりですか。

8. あなたは 今週の 土曜日は 何を する つもりですか。

9. 今日の 夕ご飯は どこで 食べる つもりですか。

10. あなたは 今日 何時ごろ 寝る つもりですか。

단어

夜(よる) 밤　**お酒(さけ)** 술　**今週(こんしゅう)** 이번 주　**今日(きょう)** 오늘
夕(ゆう)ご飯(はん) 저녁밥　**寝(ね)る** 잠(을) 자다

얼굴에 관한 것

目(め) 눈	鼻(はな) 코	耳(みみ) 귀
口(くち) 입	くちびる 입술	あご 턱
額(ひたい) 이마	まつげ 속눈썹	まゆげ 눈썹
ほお 볼	歯(は) 이	まぶた 눈꺼풀

한자 공부

가르칠 교 **教**

음독 きょう　훈독 **おし**える・**おそ**わる

例 教科書(きょうかしょ) 교과서　教育(きょういく) 교육

글월 문 **文**

음독 ぶん・もん　훈독 없음

例 文学(ぶんがく) 문학　文章(ぶんしょう) 문장

헤아릴 료 **料**

음독 りょう　훈독 없음

例 料理(りょうり) 요리　飲料水(いんりょうすい) 음료수

새 신 **新**

음독 しん　훈독 **あたら**しい・**あら**た

例 新婦(しんぷ) (신랑신부의) 신부　新人(しんじん) 신인

모 방 **方**

음독 ほう　훈독 かた

例 方向(ほうこう) 방향　方法(ほうほう) 방법

제26과

僕(ぼく)も 昔(むかし)は 母(はは)に 作(つく)って もらいました。

군군일본어

제26과 | 僕(ぼく)も 昔(むかし)は 母(はは)に 作(つく)って もらいました。

학습 포인트

- ～て くれる
- ～て もらう
- ～ことに する
- ～ずに
- ～たら
- ～られる(수동형)

Conversation

金　水野さん、うちの 母(はは)が お弁当(べんとう)を 作(つく)って くれたんですが、

いっしょに どうですか。

水野　え？いいんですか。僕(ぼく)も 昔(むかし)は 母(はは)に 作(つく)って もらいましたが、

作るのが 大変(たいへん)なので、外(そと)で 食(た)べることに しました。

金　遠慮(えんりょ)せずに どうぞ。残(のこ)したら 母に しかられるので。

水野　心配(しんぱい)しないで ください。全部(ぜんぶ) 食べられそうです。

단어

母(はは) 어머니　**お弁\当(べんとう)** 도시락　**作(つく)る** 만들다　**～てくれる** ～해 주다
昔(むかし) 옛날　**大変(たいへん)** 힘듦　**外(そと)** 밖　**～ことにする** ～하기로 하다
遠慮(えんりょ) 사양　**～せずに** ～하지 말고　**残(のこ)す** 남기다　**しかる** 야단치다
～ので ～기 때문에　**心配(しんぱい)する** 걱정하다　**全部(ぜんぶ)** 전부

Grammar

1 ～て くれる　～해 주다

友だちが 誕生日祝(たんじょうびいわ)いに 時計(とけい)を 買(か)って くれました。

日本の 人(ひと)が 道(みち)を 案内(あんない)して くれました。

カナちゃん、 明日(あした) 宿題(しゅくだい) 教(おし)えて くれない？

2 ～て もらう　(상대방이 나에게) ～해 주다

誕生日祝(たんじょうびいわ)いに 友だちに 時計(とけい)を 買(か)って もらいました。

日本の 人(ひと)に 道(みち)を 案内(あんない)して もらいました。

カナちゃん、 明日(あした) 宿題(しゅくだい) 教(おし)えて もらえない？

3 ～ことに する　～하기로 하다

部長(ぶちょう)に この問題(もんだい)を すぐ 報告(ほうこく)することに します。

今週(こんしゅう)の 金曜日(きんようび)、友(とも)だちと 一杯(いっぱい) 飲(の)むことに しました。

毎日(まいにち) ジョギングを することに して います。

●● 단어

誕生日祝(たんじょうびいわ)い 생일 선물　**時計(とけい)** 시계　**道(みち)** 길

案内(あんない)する 안내하다　**宿題(しゅくだい)** 숙제　**教(おし)える** 가르치다

部長(ぶちょう) 부장　**問題(もんだい)** 문제　**すぐ** 바로　**報告(ほうこく)する** 보고하다

今週(こんしゅう) 이번 주　**一杯(いっぱい)飲(の)む** 한잔하다

4 ～ずに　～지 않고 / ～지 말고

入院(にゅういん)せずに 治療(ちりょう)を 受(う)けました。

金さんは 先生に 言(い)わずに 帰(かえ)って しまいました。

朝(あさ)ごはんを 食(た)べずに 学校(がっこう)に 行(い)きました。

5 ～たら　～면

明日(あした) 雨(あめ)だったら 試合(しあい)は 中止(ちゅうし)に なります。

朝(あさ)、寒(さむ)かったら ジャンパーを 着(き)て 出(で)かけましょう。

日曜日(にちようび)、暇(ひま)だったら 映画(えいが)を 見(み)に 行(い)きませんか。

6 ～れる　(동사의 수동형)

1그룹동사	う단 ➡ あ단＋れる 단, う로 끝날 때에는 あ가 아니라 わ로 바꿔서 연결한다.	読(よ)む ➡ 読(よ)まれる 行(い)く ➡ 行(い)かれる 笑(わら)う ➡ 笑(わら)われる cf. 帰(かえ)る ➡ 帰(かえ)られる 入(はい)る ➡ 入(はい)られる

2그룹동사	～~~る~~ ➡ ＋られる	起(お)きる ➡ 起(お)きられる 見(み)る ➡ 見(み)られる 寝(ね)る ➡ 寝(ね)られる 食(た)べる ➡ 食(た)べられる
3그룹동사	나올 때마다 암기한다	する ➡ される 来(く)る ➡ 来(こ)られる

妹(いもうと)は 絵(え)を 描(か)くのが 上手(じょうず)なので 美術(びじゅつ)の 先生(せんせい)に いつも ほめられます。

担任(たんにん)の 先生に 呼(よ)ばれたので、職員室(しょくいんしつ)に 行(い)って きました。

田中君(たなかくん)は いつも クラスの 人(ひと)に いじめられて います。

●● 단어

入院(にゅういん) 입원 **治療(ちりょう)** 치료 **受(う)ける** 받다 **言(い)う** 말하다
帰(かえ)る 돌아가다 **朝(あさ)ごはん** 아침밥 **学校(がっこう)** 학교 **行(い)く** 가다
試合(しあい) 시합 **中止(ちゅうし)** 중지 **出(で)かける** 외출하다, 나가다 **暇(ひま)** 한가함
映画(えいが) 영화 **絵(え)を描(か)く** 그림을 그리다 **美術(びじゅつ)** 미술
ほめる 칭찬하다 **担任(たんにん)の先生(せんせい)** 담임 선생님 **呼(よ)ぶ** 부르다
職員室(しょくいんしつ) 직원실(교무실) **いじめる** 괴롭히다

Let's write

1. 박 씨가 택시를 불러 주었습니다. (~てくれる / ~てもらう 두 가지 모두 써 봅시다)
   힌트 タクシーを呼(よ)ぶ 택시를 부르다

2. 다나카 씨가 노래를 불러 주었습니다. (〃) **힌트** 歌(うた)を歌う 노래를 부르다

3. 교무실에 같이 안 가 줄래? (〃)

4. 오늘 저녁에 친구 집에 놀러 가기로 했습니다. **힌트** 夕方(ゆうがた) 저녁

5. 이번 주 토요일에 김 씨와 데이트하기로 했습니다. **힌트** デート 데이트

6. 결혼하면 아이를 몇 명 낳고 싶습니까? **힌트** 結婚(けっこん) 결혼　子供(こども) 아이　うむ 낳다

7. 일본에 가면 무엇을 먹을 겁니까?

8. 숙제를 다하면 밖에 나가서 놉시다. **힌트** 宿題(しゅくだい) 숙제

9. 동생이 나를 때렸습니다. (수동형으로) **힌트** たたく 때리다

10. 지하철 안에서 발을 밟혔습니다. **힌트** 地下鉄(ちかてつ) 지하철　足(あし)をふむ 발을 밟다

Let's talk

1. 誕生日(たんじょうび)の 時(とき)に 友(とも)だちに 何(なに)を して もらいましたか。

2. 友だちに ぬいぐるみを 買(か)って もらった ことが ありますか。

3. 友だちに 宿題(しゅくだい)(レポート)を 手伝(てつだ)って もらった ことが ありますか。

4. もし、あなたが 鳥(とり)だったら どこに 行(い)って 住(す)みたいですか。

5. もし、あなたが 男(おとこ)(女(おんな))だったら 何が したいですか。

6. もし、1億(おく)ウォン あったら 何を 買いたいですか。

단어

誕生日(たんじょうび) 생일　**時(とき)** 때　**ぬいぐるみ** (봉제) 인형

宿題(しゅくだい) 숙제　**手伝(てつだ)う** 돕다　**鳥(とり)** 새　**～億(おく)** ～억

Let's talk

7. もし、一年間(いちねんかん)の 休(やす)みが あったら 何を しますか。

8. もし、部屋(へや)の 温度(おんど)が 38度(ど)に なったら どうしますか。

9. もし、日本に 行けたら 何が 食べたいですか。

10. もし、黄砂(こうさ)が ひどかったら どうしますか。

십이지

ねずみ(どし) 쥐띠	うし(どし) 소띠	とら(どし) 호랑이띠
うさぎ(どし) 토끼띠	たつ(どし) 용띠	へび(どし) 뱀띠
うま(どし) 말띠	ひつじ(どし) 양띠	さる(どし) 원숭이띠
とり(どし) 닭띠	いぬ(どし) 개띠	いのしし(どし) 돼지띠

단어

一年間(いちねんかん) 1년간 **休(やす)み** 휴가 **部屋(へや)** 방 **温度(おんど)** 온도
～度(ど) ～도 **黄砂(こうさ)** 황사

한자 공부

뜻 의 **意**

음독 い　훈독 없음

例 意味(いみ) 의미　意外(いがい) 의외

노래 가 **歌**

음독 か　훈독 うた・**うた**う

例 歌手(かしゅ) 가수　歌詞(かし) 가사

물건 물 **物**

음독 ぶつ・もつ　훈독 もの

例 食(た)べ物(もの) 음식물　荷物(にもつ) 짐

모일 사 **社**

음독 しゃ・じゃ　훈독 없음

例 社会(しゃかい) 사회　神社(じんじゃ) 신사

차 다 **茶**

음독 ちゃ・さ　훈독 없음

例 緑茶(りょくちゃ) 녹차　茶道(さどう) 다도

동사 활용연습

(새로운 동사도 같이 외웁시다.)

기본형	뜻	그룹	ます	ません
6時に起きる	6시에 일어나다			
パンを食べる	빵을 먹다			
トイレに行く	화장실에 가다			
学校に来る	학교에 오다			
ラジオを聞く	라디오를 듣다			
会社で働く	회사에서 일하다			
バスに乗る	버스를 타다			
料理を作る	요리를 만들다			
友だちに会う	친구를 만나다			
弟と遊ぶ	남동생과 놀다			
ノートを買う	공책을 사다			
ドラマを見る	드라마를 보다			
ミルクを飲む	우유를 마시다			
家に帰る	집에 돌아가다			
新聞を読む	신문을 읽다			
12時に寝る	12시에 자다			

동사 て형 연습

기본형	뜻	그룹	て형
いすに座(すわ)る	의자에 앉다		
バスを降(お)りる	버스에서 내리다		
ケーキを売(う)る	케이크를 팔다		
ドアを開(あ)ける	문을 열다		
ドアを閉(し)める	문을 닫다		
電話(でんわ)をかける	전화를 걸다		
運動場(うんどうじょう)を走(はし)る	운동장을 뛰다		
公園(こうえん)を歩(ある)く	공원을 걷다		
ベンチで休(やす)む	벤치에서 쉬다		
先生(せんせい)に話(はな)す	선생님에게 이야기하다		
山(やま)に登(のぼ)る	산에 오르다		
散歩(さんぽ)する	산책하다		
よろこぶ	기뻐하다		
子供(こども)が笑(わら)う	아이가 웃다		
子供(こども)が泣(な)く	아이가 울다		
お風呂(ふろ)に入(はい)る	목욕하다		

동사 て형 연습

기본형	뜻	그룹	ない형
手紙(てがみ)を出(だ)す	편지를 부치다		
荷物(にもつ)を送(おく)る	짐을 보내다		
運動部(うんどうぶ)に入(はい)る	운동부에 들어가다		
授業(じゅぎょう)を受(う)ける	수업을 받다		
くつ下(した)をはく	양말을 신다		
ズボンを脱(ぬ)ぐ	바지를 벗다		
帽子(ぼうし)をかぶる	모자를 쓰다		
クーラーを消(け)す	에어컨을 끄다		
病院(びょういん)に通(かよ)う	병원에 다니다		
広場(ひろば)に集(あつ)まる	광장에 모이다		
切手(きって)を集(あつ)める	우표를 모으다		
ピアノをひく	피아노를 치다		
話(はなし)を伝(つた)える	이야기를 전하다		
写真(しゃしん)を見(み)せる	사진을 보이다		
歯(は)をみがく	이를 닦다		
山(やま)に登(のぼ)る	산에 오르다		

조수사 정리

	1	2	3	4	5	6	7	8	9	10	몇
고유수사	ひとつ	ふたつ	みっつ	よっつ	いつつ	むっつ	ななつ	やっつ	ここのつ	とお	いくつ
～個(こ) ～개	いっこ	にこ	さんこ	よんこ	ごこ	ろっこ	ななこ	はっこ	きゅうこ	じゅっこ	なんこ
～本(ほん) ～병, 자루	いっぽん	にほん	さんぼん	よんほん	ごほん	ろっぽん	ななほん	はっぽん	きゅうほん	じゅっぽん	なんぼん
～台(だい) ～대	いちだい	にだい	さんだい	よんだい	ごだい	ろくだい	ななだい	はちだい	きゅうだい	じゅうだい	なんだい
～枚(まい) ～매	いちまい	にまい	さんまい	よんまい	ごまい	ろくまい	ななまい	はちまい	きゅうまい	じゅうまい	なんまい
～杯(はい) ～잔	いっぱい	にはい	さんばい	よんはい	ごはい	ろっぱい	ななはい	はっぱい	きゅうはい	じゅっぱい	なんばい
～冊(さつ) ～권	いっさつ	にさつ	さんさつ	よんさつ	ごさつ	ろくさつ	ななさつ	はっさつ	きゅうさつ	じゅっさつ	なんさつ
～人(にん) ～명	ひとり	ふたり	さんにん	よにん	ごにん	ろくにん	ななにん/ しちにん	はちにん	きゅうにん	じゅうにん	なんにん
～階(かい) ～층	いっかい	にかい	さんがい	よんかい	ごかい	ろっかい	ななかい	はっかい	きゅうかい	じゅっかい	なんがい
～冊(さつ) ～권	いっさつ	にさつ	さんさつ	よんさつ	ごさつ	ろくさつ	ななさつ	はっさつ	きゅうさつ	じゅっさつ	なんさつ
～足(そく) ～켤레	いっそく	にそく	さんぞく	よんそく	ごそく	ろくそく	ななそく	はっそく	きゅうそく	じゅっそく	なんぞく
～回(かい) ～번(회)	いっかい	にかい	さんかい	よんかい	ごかい	ろっかい	ななかい	はっかい	きゅうかい	じゅっかい	なんかい
～着(ちゃく) ～벌	いっちゃく	にちゃく	さんちゃく	よんちゃく	ごちゃく	ろくちゃく	ななちゃく	はっちゃく	きゅうちゃく	じゅっちゃく	なんちゃく
～番(ばん) ～번 (번호, 순서)	いちばん	にばん	さんばん	ろんばん	ごばん	ろくばん	ななばん	はちばん	きゅうばん	じゅうばん	なんばん
～才(さい) ~세	いっさい	にさい	さんさい	よんさい	ごさい	ろくさい	ななさい	はっさい	きゅうさい	じゅっさい	なんさい
～か月(げつ) ~개월	いっか げつ	にかげつ	さんか げつ	よんか げつ	ごかげつ	ろっか げつ	ななか げつ	はっか げつ	きゅうか げつ	じゅっか げつ	なんか げつ

ㄱ

ㄴ

ㄷ

ㅂ

ㅅ

ㅇ

기타

공저자 약력

나가하라 나리카츠(長原成功)

일본 호세(法政)대학 경영학부 경영학과 졸업
경상대학교 대학원 일본학과 석사과정(문학석사)
경상대학교 대학원 일본학과 박사과정(문학박사)

전 마산대학교 관광일본어통역과 겸임강사
전 부산경상대학교 관광경영과 전임교수
전 경남정보대학교 일본어과 전임교수
전 대구외국어대학교 일본어통번역과 전임교수
현 강원대학교 인문대학 일본학과 전임교수

현 한국일본근대학회 정보이사
현 한국일본어교육학회 상임이사 및 편집위원

저서
『호텔 면접 실무』(갈채)
『우키우키 일본어 회화코스』 초중급편(넥서스JAPANESE)
『우키우키 일본어 회화코스』 중급편(넥서스JAPANESE)
『우키우키 일본어 회화코스』 고급편(넥서스JAPANESE)
『일본어뱅크 OPEN 일본어회화』 1, 2(동양북스)

번역
『파리의 연인』(공동번역)

오치 키미코(越智公子)

교토외국어대학 대학원 일본어교육전공 석사과정 졸업
한국외국어대학교 대학원 외국어로서의 한국어교육 석사과정 졸업
전 경일대학교 외국인 강사
전 대구가톨릭대학교 조교수
현 강원대학교 일본어학과 초빙교수

문법과 회화를 동시에 군군일본어

초판발행 2017년 9월 20일

지은이 나가하라 나리카츠 · 오치 키미코
펴낸이 안종만

편 집 박송이
기획/마케팅 송병민
표지디자인 조아라
제 작 우인도 · 고철민

펴낸곳 (주) 박영사
서울특별시 종로구 새문안로3길 36, 1601
등록 1959. 3. 11. 제300-1959-1호(倫)
전 화 02)733-6771
f a x 02)736-4818
e-mail pys@pybook.co.kr
homepage www.pybook.co.kr
ISBN 979-11-303-0436-6 13730